ASİLZA

Ömer S

Asilzadeler

Kapak Resmi: Ömer Muz
Dizgi: Ümit Yavuz
Düzelti: S. Asaf Taneri

ISBN 975-10-2059-X

04 05 06 07   9 8 7 6 5 4 3 2 1

Baskı:
ANKA BASIM
Matbaacılar Sitesi, No: 38
Bağcılar-İstanbul

İNKILÂP
Ankara Caddesi, No: 95
Sirkeci 34410 İSTANBUL
Tel: (0212) 514 06 10 - 11 (Pbx)
Fax: (0212) 514 06 12
e-posta: posta@inkilap.com

www.inkilap.com

Ömer Seyfettin

ASİLZADELER

Yayına Hazırlayan

S. Asaf Taneri

İNKILÂP

ÖMER SEYFETTİN'in ÖYKÜLERİ

1. İlk Düşen Ak
2. Yüksek Ökçeler
3. Bomba
4. Gizli Mabet
5. Bahar ve Kelebekler
6. Asilzadeler
7. Beyaz Lale
8. Memlekete Mektup
9. Mahcupluk İmtihanı
10. Yalnız Efe

ASİLZADELER
(Bu Kitaptaki Öyküler)

Sayfa

İzlenen Yöntem Hakkında...

Türk edebiyatının önemli isimlerinden biri olan Ömer Seyfettin bir yandan çağdaş Türk hikâyeciliğinin temellerini atarken bir yandan da Türkçe'nin sadeleştirilmesi ve yabancı sözcüklerden arınması için uğraş vermiş, dil konusunda yazılar yazmış, eski dile karşı çıkmış öncü bir yazarımızdır.

Ömer Seyfettin'in dille ilgili çalışmaları Atatürk tarafından da önemsenip değerlendirilmiş, dil devrimine ışık tutmuştur. Bununla birlikte zorunlu olarak yaşadığı dönemin Türkçesiyle yazan Ömer Seyfettin'in dili de zamanla yer yer eskimiş, kendi özlemi doğrultusundaki çabalar sayesinde birçok Arapça, Farsça sözcük kullanılmaz olmuştur.

Biz de bu değerlendirmeden hareketle, özellikle günümüz gençlerinin bu büyük yazarımızı daha rahat okuyup anlayabilmesi amacıyla bu yeni baskıyı yer yer sadeleştirip günümüz Türkçe'sine uyarladık. Örneğin kurunuvusta (ortaçağ), eleğimsağma (gökkuşağı), behimi (hayvani), istintak etmek (sorguya çekmek) vb. gibi sözcükleri cümle içindeki anlamlarını da göz önüne alarak günümüzde kullanılanlarla değiştirdik. Kimi yerde ise yazarın özgün anlatımına, cümle yapısına, yarattığı atmosfere dokunmamak için bu tür sözcük ya da cümlelerin günümüz dilindeki karşılık ya da açıklamalarını sayfa altında dipnot olarak verdik.

Genç okuyucularımızın ilgiyle yararlanacağını umuyoruz.

EFRUZ BEY

FANTEZİ ROMAN

Bu küçük romanı Efruz Beyefendi'-nin kendisine hediye ediyorum.

Sevgili Efruz!

Hayatından şu birkaç levhayı yazarken ihtimal biraz mübalağacı göründüm. Ne yapayım? Bu benim mizacım... Bunun için kızma. Beni affet! Hem emin ol ki, maksadım ne seni tahkir ne de maskara etmek... Hakikati görüldüğü gibi, edebiyat yapmadan yazmak istedim. Muvaffak oldum mu? Bilmiyorum. Fakat okuyunca samimiyetimin derecesini herkesle beraber sen de anlayacaksın. Herkes seni –bizzat kendi kadar– tanır. Efruzcuğum, bugün hiç kimse sana yabancı değildir; çünkü sen "hepimiz" değilsen bile "hepimizden bir parça"sın...

Ö. S.

I
HÜRRİYETE LAYIK BİR KAHRAMAN

Ahmet Bey kaleme girince arkadaşlarına şöyle bir baktı. Güldü. Boyun kırdı. Başını salladı.

— Nasıl, gördünüz mü? dedi.

Yirmi dört saat evvel Allah'tan çok Abdülhamit'ten korkan kâtiplerin[1] henüz benizlerine kan gelmemişti. Hepsi, yeni geçmiş bir fırtınanın kapalı yerlere savurduğu sonbahar yaprakları gibi solgundu. İçlerinde korkunç bir "şüphe" çarpıyor, soramadıkları bir "acaba?", sökülmez bir hıçkırık ıstırabıyla boğazlarına tıkanıyor, dalgın dalgın birbirlerine bakışıyorlardı. Ahmet Bey koltuğuna oturdu. Parlak beyaz kolluklarını yenlerinden fırlatan özel bir hareketten sonra fesini çıkardı. Masasının üstüne koydu. Bir çelik yay gibi kuruldu. Kabardı,

— Yoksa hâlâ haberiniz yok mu? diye tekrar güldü. Bütün kalem ondan bir "Babıâli kuşkusu" ile korkardı. Bir sene evvel iki bin beş yüz kuruş maaşla "bâirade-i seniye"[2] gelen bu beyi, amirleri hafiye, emri altındakiler "Jön Türk" sanırlardı. Kendisi Galatasaray'dan, Mülkiye'den.. bazen de aşiret mektebinden birinci çıktığını, mabeynin[3] emri üzerine diplomasıyla altın maarif madalyası verilmediğini söylerdi. Amirlerine göre bu "altın madalyayla diploma" mabeynde, başkâtip paşa hazretlerinin çekmecesindeydi. Eğer bu diploma Ahmet Bey'in elinde

(1) Kâtip: Devlet dairelerinde yazı işleri ile uğraşan kimse.

(2) Bâirade-i seniye: Padişah emriyle.

(3) Mabeyn: Sarayda padişah yakınları

olsaydı hemen Avrupa'ya kaçacak, yedi düvelden[1] hangisini isterse birisinin hizmetine girecek, maazallah... Efendimizi rahatsız edecekti! Fakat dışişleri dairesinin koridorlarında ödlekliklerine rağmen yine dedikodu yapmaktan çekinmeyen züppeler Ahmet Bey'in Galatasaray'dan kovulduğunu anlatırlar, her tarafa yayarlar, arkasından alay ederlerdi. Pek gençti. Pek yakışıklıydı. Pek kibardı. Pek zengindi. Pek âlimdi. Pek edipti.[2] Kimin nesi olduğunu kimse bilmiyordu. Ama herkes onun görünen şekline inanıyor, saygıda kusur etmiyordu. Son numara bir moda gazetesinden canlanarak hayata fırlamış canlı bir resim kadar şıktı. Sağ gözüne taktığı soğan rengi tek gözlüğünü düzelterek,

— Hepiniz korkuyorsunuz, be! dedi, yoksa haberiniz yok mu?

Çekirdekten yetişme tam bir Babıâli[3] mahsulü olan köse mümeyyiz[4], sanki hiç bilmiyormuş gibi sordu:

— Neden haberimiz olacak? Ne var?

....

Ahmet Bey, en zor durumlarda, en tehlikeli zamanlarda yaptığı asabi bir hareketle gözlüğünü tuttu. Yavaş yavaş doğruldu. Ayağa kalktı. Mümeyyize dik dik baktı. Acaba bu bir "istibdat"[5] taraftarı mıydı? Ama ne cesaret!..

— Hürriyetin ilan olunduğunu daha duymadınız mı? diye haykırdı.

....

Kalem[6] halkı, bu zavallı iki cami arasında kalmış beynamazlar ne yapacaklarını şaşırdılar. Biraz cesurları bu korkunç

(1) Düvel: Büyük devletler.

(2) Edip: Edebiyatçı, edebiyatla uğraşan.

(3) Babıâli: Osmanlı İmparatorluğu'nda İstanbul'da başbakanlık, içişleri ve dışişleri bakanlıklarının ve basının bulunduğu yer.

(4) Mümeyyiz: Bir dairedeki yazıları, yapılan işleri düzelten, denetleyen kimse.

(5) İstibdat: Halka özgürlük vermeyen baskıcı yönetim, despotluk.

(6) Kalem: Resmi dairelerin her birine eskiden verilen ad.

Jön Türk'ün ceplerinde boğucu gazlar çıkaran küçük küçük müthiş –komprime– bombacıklar var sanıyorlardı. Bazen bıyık altından "cehennem leblebileri" dediği bu bombalardan ya kızıp bir tanesini ortaya atarsa... Bir anda Babıâli dünya yüzünden silinecek, bir mezar, harabe olacaktı! Ama eski buruşuk istanbulinli[1] köse mümeyyiz, öyle denemeden kuru gürültüye pabuç bırakır takımından değildi.

İri, –hem o vakte göre– şahane burnunu kaldırdı:

— Sizin gibi bu sabahki gazeteleri biz de okuduk oğlum, dedi.

Ahmet Bey, yine hiddetle sordu:

— Hiçbir şey anlamadınız mı?

— Ne anlayacağız?

— Hürriyetin ilanını...

— Hangi gazetede?

— Hepsinde.

....

Mümeyyiz sıska, sarı elleriyle titreyerek masasının sol gözünü çekti. İki gazete çıkardı. Tehlikeli bir şeymiş gibi yavaşça önüne koydu:

— İşte Sabah ile İkdam...[2] İlan taraflarını bile okudum. Öyle hürriyete dair bir şey yok.

Hürriyetin ilanını, ilan sayfasında aramasında ne nükte olduğunu anlamayan Ahmet Bey bunu mümeyyizin hakaret etmek istemesine yordu. Çöllerin sonsuz sükûnuna haykıran erkek bir aslan gibi kükredi:

— Siz artık bu devre layık adamlar değilsiniz. İlan sütunlarında hürriyet ilanı arıyorsunuz. Hayır, hayır, hayır... En başa bakınız. Orada bir bildiri var. İşte bu bildiri hürriyet ilan ediyor.

---

(1) İstanbulin: Tanzimat'tan Meşrutiyet'e kadar kullanılan yakası kapalı, yırtmaçlı bir çeşit redingot.

(2) Sabah, İkdam: O zaman yayımlanan iki gazetenin adı.

....

Kâtipler önlerine bakıyorlar, her ihtimale karşı bu tehlikeli tartışmayı hiç işitmiyor gibi davranıyorlardı. Mümeyyiz kırmızı çuha kılıfından gümüş gözlüğünü çıkardı, taktı. Sabah'ı açtı. Bildiriyi buldu. Okudu. Sonra Ahmet Bey'e döndü.

— Kanun-u Esasi[1] hakkındaki bildiriyi mi söylemek istiyorsunuz?

— Evet.

— Fakat bu bildiride hürriyete dair bir şey yok.

— Siz hürriyeti ne sanıyorsunuz? İşte Kanun-u Esasi... Kanun-u Esasi hürriyet, demektir.

— ....

Köse mümeyyiz geniş bir nefes aldı. Astarı parçalanmış kalın kahverengi perdeli büyük pencerelerden sıcak bir yaz havası, altıgen şeklinde ince uzun bir kibrit kutusunu andıran karanlık kaleme giriyor; sigara, kâğıt, mürekkep, nefes kokularının rutubete karışmasından oluşan ağır bir havayı, ıslak tavuk kokusuna benzeyen bu ağır havayı buharlaştırıyordu.

Ahmet Bey terliyor, yerinde duramıyordu.

Görüyor ki hâlâ kalem şüphedeydi. Halbuki o ta yerinden, yani mabeyinden haber almıştı. Bu sahiydi. Fakat nasıl olduğunu bilmiyordu. Herkesten ismini, münasebette bulunduğunu sakladığı hamisi[2] paşa dün gece "bağlılığını bildirirken" kendisine,

— Yarın hürriyet ilan olunacak, demişti, Efendimiz emretti. O kadar önüne geçmek.. Bu Jön Türk rezillerinin zaptının mümkün olamayacağını anlatmak istedik. Kâr etmedi. Allah sonumuzu hayreylesin...

O ana kadar tamamıyla mabeyne mensup geçinen Ahmet Bey, velinimetinin konağından çıkarken o kadar hürriyet taraf-

(1) Kanun-u Esasi: Anayasa.

(2) Hami: Gözeten, koruyan, kayıran kimse

tarıydı ki, yanında Namık Kemal'le Mithat Paşa koyu istibdat taraftarı kalırlardı. Sokak tenha idi. Evine doğru yürüdü. Nişantaşı'nın daha bir şeyden haberi yoktu. Komşu konaklarda vur patlasın, çal oynasın, saz âlemleri devam ediyor; uzak yakın piyano sesleri işitiliyordu. Ahmet Bey o gece hiç uyuyamadı. Böyle yüce, böyle mesut bir günü bu kadar hasretle, bu kadar güçlü bir istekle beklediğinin şimdiye kadar niçin farkına varmadığına şaşıyordu. Bu müjdeyi ilk haber alan kendisi olduğu için sonradan duyacaklara karşı ruhunda büyük bir üstünlük duyuyordu. Bütün İstanbul halkına, bütün Türkiye'ye, özetle herkese bugün üstündü. Yarın hürriyeti kabul eden bütün Osmanlılar arkasından geleceklerdi. Bunları düşüne düşüne sabahı dar etti. Siyah bonjurlarını[1] giyindi. "Tam resmi olmayayım," dedi. Beyaz eldivenler taktı. Her günkünden daha şık oldu. Soluğu kalemde aldı. Arabada gelirken İkdam'ı baştan başa okumuştu. Kanun-u Esasi bildirisinden başka bir şey yoktu. Fakat, kendi kendine,

— ... Kanun-u Esasi demek yeterlidir! diyordu.

Kalemdekiler daha Kanun-u Esasi bildirisinden bu mutlu anlamı çıkaramamışlardı. Çünkü... Çünkü... Evet, haberleri yoktu! Halbuki o, işte, tam yerinden haber almıştı. Bir senedir gayet büyük bir adama bağlı görünmekle üstü kapalı biçimde tehdit ettiği köse mümeyyize tekrar sordu:

— Demek mümeyyiz bey, siz bunun hürriyet olduğunu anlayamadınız ha?

"O zamanki Babıâli zihniyetinin dışında" hiçbir şeye ihtimal veremeyen mümeyyiz,

— Bu bildiriden ben hürriyet gibi şeyler anlamam, dedi, Kanun-u Esasi zaten vardır. Onun uygulanmasını tekrar bildirmek yeni bir tensikat[2] hareketine işaret etse gerektir. Fakat baş-

(1) Bonjur: (Metinde) Uzun siyah ceketle çizgili pantolondan oluşan erkek giysisi.
(2) Tensikat: Düzenlemeler.

ka şeye... Asla...

....

Mümeyyiz, Kanun-u Esasi'nin zaten mevcut olduğunu, her sene resmi salnamenin[1] en başına basıldığını söylerken kalemin müdürü içeri girdi. Bu, şişman, esmer, düşüncesi son derece sınırlı bir beydi. Kaleme bugün nasılsa erken uğramıştı.

Zira yaz kış Büyükada'da oturduğu için öğle paydosundan on dakika evvel gelirdi. Mabeyne mensup[2] bir adama mensup bir kadının süt kardeşine mensupluk sayesinde devamsızlığı bir kusur sayılmıyordu. Ahmet Bey onunla, diğer kâtiplerden daha çok teklifsizdi. Onu da yokladı, Zavallının haberi yoktu. Hatta gazete okumak âdeti olmadığı için bildiriyi bile görmemişti. "Hürriyet" lafını işitince kızardı. Sonra sarardı. Morardı. Beyazlanan dudakları titremeye başladı. Ahmet Bey'e yüzünü çevirerek,

— Rica ederim, böyle şeylerden bahsetmeyelim. Bizim işimiz her şeyden kutsaldır! dedi.

Maiyetindeki kâtipler müdürlerinin ne mükemmel, ne çalışkan adam olduğunu zaten bilirlerdi. Onlara da dönerek,

— İşlerinize bakınız, beyler! emrini verdi, ben amirinizim, benim gibi görev düşkünü olunuz. İnsanın en büyük saadeti görevinin ihmalsiz yapılmasıdır!

Haftada bir iki defa günde on dakika kaleme gelen bu herifin görevden bahsetmesi Ahmet Bey'in canını sıktı. Ayağa kalktı, işte hepsi uyuyorlardı. Ama yarın... Hepsi uyanacaklardı. Kendisi için bu budalaların arasında bir dakika geçirmek artık bir asır kaybetmeye eşitti. Fesini giydi. Tek gözlüğünü tekrar elledi, jimnastikle kabarmış göğsünü daha çok kabartarak, kollarını bir idman taliminde imiş gibi özel bir ahenkle sallayarak kapıya doğru yürüdü. Çıkmadan durdu. Bütün kaleme,

(1) Salname: Yıllık.

(2) Mensup: Bir yer, bir kimse ile ilişkili.

— Acele etmeyiniz. Yarın görürsünüz! diye haykırdı. Dışarı atıldı.

Babıâli'nin koridorları her zamankinden daha tenha gibi duruyordu. Dışişleri tarafına geçti. Orada biraz hayat vardı. Kapıları önünde kalem beyleri dolaşıyorlar, "âdetleri üzere" Fransızca konuşuyorlardı:

— Jö nö kuruva pa...[1]

— Set ön blag.[2]

— Didon...[3]

— Se biyen, sö ne pa posibl.[4]

....

Ahmet Bey birisini arıyormuş tavrını takındı. Aralarında gezindi. Hepsine kulak misafiri oldu. Konuştuklarını işitiyor, ama pek iyi –yani hiç– anlamıyordu. "Hürriyet"in Fransızca'sını hatırlamaya çalıştı. Bu kelimeyi çok işitmişti. Ama zekâsının tuhaf bir özelliği vardı. Çok işittiği şeyi pek çabuk unuturdu. "Leblebi" gibi bir isimdi...

Leblebi, leblebici, labada... Hayır!

Elleri cebinde, hürriyetin Fransızcasını böyle derin derin ararken "kahramanlık, gösteriş" damarlarının birdenbire kabardığını duydu. Kendini dinledi. Yanaklarından başlayan bir sıcaklık şakaklarına, başına çıkıyor, saçlarının arasına dağılıyor, sonra ensesinden sanki kaynamış bir su gibi belkemiğinin hizasından akıyor. Belinden aşağısını tutuşturuyordu. Ah, bir şeyler oluyordu. Sarhoş gibi gözleri dumanlanıyor, kalbi göğsünü çatlatacak gibi çarpıyor, çeneleri kilitleniyordu. Evet... Şimdi, şurada,

— Yaşasın hürriyet! diye bağırsa ismi tarihe geçecekti.

---

(1) Jö nö kuruva pa (Fransızca: Je ne crois pas): İnanmam.

(2) Set ön blag (Fransızca: C'est un blague): Bu bir yalan.

(3) Didon (Fransızca: Dit-on): Söylendiğine göre.

(4) Se biyen, sö ne pa posibl (Fransızca: C'est bien, ce n'est pas possible): Doğru, imkânsız.

Düşünüyor, tir tir titriyordu. Babıâli'de ilk defa bu kutsal kelimeyi çınlatmak... Birden, kendisini tutamadı. Gözleri daha çok dumanlandı. Adeta karardı. Kendi iradesinin haricinde, ne olduğu bilinmez bir kuvvet içine girmiş, onu kımıldatıyordu. Ellerini kalçalarına koydu. Göğsünü şişirtti. Gözünün dumanları içinde sayısını göremediği bu zorbalara karşı avazı çıktığı kadar bir nara attı:

— Yaşasın hürriyet!

Bir an herkes sustu... Kalem kapılarından vücutsuz başlar göründü. Yaptığı deliliğin dehşetinden birdenbire ödü kopan Ahmet Bey narasını tekrarlayınca koridorlardan herkes kaçıştı. Bunu mabeyn tarafından kurulmuş bir tuzak sanıyorlardı. Ahmet Bey Babıâli'de birinci defa olarak bu kelimeyi haykırabildiği için ruhunda öyle bir büyüklük, öyle bir fevkaladelik duydu ki hükümetin bütün ordusu önüne çıksa "bir hamlede yere geçireceğim," sandı.

Artık kesinlikle ne yaptığının farkında değildi.

İçişleri tarafına, Sadaret'e[1] koştu. Merdiven başlarında, meydanlarda, bakan odalarının önlerinde haykırdı:

— Yaşasın hürriyet!

Kapıcılar onu delirmiş zannıyla polise gönderiyorlardı. Ahmet Bey'in yakalanmadığını, boyuna "Yaşasın hürriyet!" narasını bastığını gören kâtipler yavaş yavaş onun etrafında toplanmaya başladılar. O coşuyor, deliriyor, bir artezyen şiddetiyle taşıyor, fışkırıyordu:

— Geliniz, vatandaşlar, geliniz! Benim yanıma koşunuz. Hürriyetin kollarına atılınız. Eski idareye lanetler! Lanetler olsun...

Öyle küfürler savuruyor, öyle dehşetli laflar söylüyordu ki... Yarım saat içinde bütün Babıâli yerinden oynadı. Bu zelzele sokağa aksetti. Köprü'yü geçti. Beyoğlu'nu karıştırdı.

---

(1) Sadaret: Sadrazamlık.

* * *

Bir saat sonra...

Evlerine kaçan vükelânın[1] daima toplandığı büyük meclis salonundaydı. Etrafına müsteşarlar, müdürler, Şurâyı Devlet âzaları[2] filan toplanmıştı. Ahmet Bey kendini kaybettikçe kaybediyor, kendini bir daha bulamayacak derecelere geliyor, bu ilan ettiği hürriyetin tek faili kendini sanıyordu. Hem... Bundan asla şüphesi yoktu. İşte bütün hükümetin ileri gelenleri rükûa[3] yakın bir vaziyette karşısındaydı. Yirmi dört saat evvel hiç düşünmediği, aklına bile getirmediği hürriyeti şimdi tamamıyla benimsiyor, onun için çalışmış görünüyor, kendine hakiki bir kahraman süsü veriyordu.

Herkes de buna inanıyordu.

Herkes inandıkça onun iddiasından artık hiçbir şüphesi kalmıyor, hakikaten kendisinin bir kahraman olduğuna iman ediyor, bu imanın hayaline yaptığı çağrışımlarla korkunç bir roman uyduruyordu, meclis odasının içi, dışı dolmuştu. Herkes bir defacık olsun onu uzaktan görmek istiyordu. Halk niçin olduğunu bilmeden avluda toplanıyor, İstanbul'un otuz senedir hiçbir maskaralıkla bozulmamış sükûnu tehlikeye düşüyordu. Ahmet Bey'in sesi kısılmıştı.

Meclis içindekiler,

— Ey kahraman-ı hürriyet! İstibdadı nasıl devirdin? Bize anlat! diye haykırıştılar.

Ama, Ahmet Bey yalnız "hürriyet"in lafını biliyordu. Bunun nasıl olduğundan müstebidin[4] nasıl Kanun-u Esasi'yi verdiğinden filan hiç bilgisi yoktu. Avrupa'da Jön Türkler bulun-

---

(1) Vükelâ: Vekiller.

(2) Şurâyı Devlet âzaları: Danıştay üyeleri.

(3) Rükû: Namazda elleri dizlere dayayarak eğilme.

(4) Müstebit: Halka özgürlük vermeyen, zorba, despot.

duğunu biliyordu. Ama bunlar kimdi? Haberi yoktu. Hatta bir "Jön Türk" ismi bile tanımıyordu. Fakat işte herkes, bu binlerce hükümet memuru, bu müsteşar, bu müdürler, mümeyyizler, hulefalar,[1] kâtipler ondan "Jön Türklerin kimler olduğunu" sormuyorlar; kendisinin, bizzat kendisinin hürriyeti nasıl sağladığını anlamak istiyorlardı. Duyguları, kavrayışı, bir saat evvelkinden tamamıyla başka bir mahiyette kendine geliyor, yavaş yavaş düşünmeye, karar vermeye başlıyordu. Oturduğu koltuktan kalktı. Hemen ona yol açtılar. Açılan yoldan ağır ağır yürüdü. Ağır ağır oradaki masanın üzerine çıktı. Salonun kapısından hâlâ birbirlerini ezerek giriyorlar, sıcağa rağmen kalabalıktan düşmemek için pencerelerin camlarını indiriyorlardı. Bir elini kalçasına dayadı. Öteki eliyle tek gözlüğünü sımsıkı tutarak bağıra bağıra anlatmaya başladı:

— Vatandaşlar. Bize "Jön Türk" derler. Bizi kimse tanımaz. Bizim kimse ismimizi bilmez. İşte bu Jön Türklerden birisi benim! Ben onların reisiyim! Benim ismimi kimse bilmez. Beni kimse tanımaz.

....

Kapının yanından bir ses haykırdı:

— Ben sizi tanırım efendim.

— Kim o?

— Kim o, kim o?..

Salondakiler bu mutlu kişinin kim olduğunu sorarak o tarafa baktılar. Bu bir odacı idi. Ahmet Bey'in kalemindeki Arapkirli saf bir ihtiyardı. Bu kadar büyük bir adamı tanıdığı için son derece seviniyor, tekrar,

— Ben sizi tanırım! Sizin isminiz Ahmet Bey'dir! diye haykırıyordu.

Ahmet Bey masanın üzerinden topuklarını kaldırdı, daha çok yükseldi. Protesto etti.

(1) Hulefa: Eskiden dairelerde kalem başından sonra gelen görevliler.

— Hayır, yalan söylüyor. "Ahmet" benim takma adımdır. Asıl ismim değil. Beni kimse tanımaz.

Odacı "Bir senedir tanıdığını" haykırdıkça Ahmet Bey doğduğundan beri taşıdığı, babasının koyduğu bu "Ahmet" ismini inkâr ediyordu.

Hürriyet hikâyesini dinlemek isteyen kalabalık birdenbire öfkelendi. Odacıyı tokatlayarak dışarı attılar.

Ahmet Bey sözüne devam etti:

— Bu cahil adam, benim takma ismimi asıl ismim sanıyor. Fakat suçu yok. Bugüne kadar kalemdeki beyler de, mümeyyizler de, müdür de, hatta bakan da, hatta İstanbul halkı da... Hatta ben, hatta evimdeki ailem de beni "Ahmet Bey" olarak tanıyorlardı. Halbuki... Yanılıyorlardı. Ben bu nam altında asıl şahsiyetimi, asıl ismimi saklıyordum. Bizim cemiyetimizin merkezi Patagonya'daydı.[1] Fakat her sene kongremizi İstanbul'un tenha bir köşesinde, Sulukule'de[2] bir Çingene evinin eşek ahırında yapardık. Düşündük, taşındık; bizim istediğimiz, kan dökülmeden hürriyeti elde etmekti. Ben bir plan yaptım. Sulukule'den ta Yıldız Sarayı'na[3] kadar bir tünel kazmak. Sonra bu tünelden geçerek bir gece müstebidi sarayının bir odasında yapayalnız yakalamak... Kafasını tabanca altına alarak hürriyet ilan ettirmek... Yüz muhalif oya karşı on bin beş yüz kabul oyuyla benim projem kabul olundu.

Tam masanın dibinde duran köse mümeyyiz kendisini zaptedemedi:

— Affedersiniz Ahmet Bey, dedi, pardon, müstear (takma) isminizi söyledim. Kahraman Bey! Kongrenizde on bin altı yüz üye olduğu anlaşılıyor. Bu kadar kişiyi içine alacak bir ahır Sulukule'de değil, İstanbul'da bile yok. Sakın rakamda bir yan-

(1) Patagonya: Güney Amerika'nın güneyinde bir ülke.

(2) Sulukule: İstanbul'da Çingenelerin oturduğu semt.

(3) Yıldız Sarayı: II. Abdülhamit'in oturduğu Yıldız'daki saray.

lışlık olmasın...

— Hayır, hayır...

— Fakat...

— Ne fakatı be?..

— Nasıl olur bu?

....

Mümeyyiz vaziyeti tayin edememişti. Hâlâ Ahmet Bey'e emri altında çalışıyor muamelesi ediyordu. Kahraman kızardı.

— Hayır, hayır, dedi, itiraza lüzum yok. Kongre için bütün üyelerin toplanması icap etmez. On kişi, beş kişi, hatta iki kişi kâfi... Diğerleri oylarını bunlara havale ederler. Karbonari gibi nice siyasi örgütler vardır ki kongrelerini binlerce üye ile yapmışlardır. Özetle. Lafı uzatmayalım. Susunuz, dinleyiniz.

Mümeyyiz sararan yüzünü ekşiterek güldü. Cevabın kesinliğinden yumuşamıştı:

— Zaten dinlemek, anlamak için soruyoruz.

— Hayır, siz asla hürriyete alışamayacaksınız. İtirazı, sorguyu bırakınız. Yoksa şimdi sizi deminki münasebetsiz kapıcı gibi dışarı attırırım. Hem kapıdan değil ha...

İcraattan hoşlanan salondakiler merakla sordular:

— Kapıdan değilse, nereden, nerden attıracaksınız?

— Pencereden, evet... Pencereden! Altı yedi metrelik bir yükseklikten avluya atılınca itirazın ne demek olduğunu anlar. Hürriyet serbestlik demektir. Kanun-u Esasi demektir. Buna ait bir söze itiraz etmek "istibdat" cinayetinden başka bir şey değildir. İstibdadın cezası bütün hür milletlerde birdir.

— Nedir? Nedir? diye bağırıştılar.

— İdam!

Ses seda kesildi. Bütün salonun üstünde bir ölüm havası dalgalandı. Köse mümeyyiz daha beter sararararak önüne baktı. Dışarı kaçacak bir yol yoktu. Ahmet Bey cevabının yaptığı ölüm sessizliği içinde hikâyesine devam etti:

— ... Evet Benim planım kabul olundu. Tüneli kazmaya başladık. Çıkardığımız toprakları Sulukule deresine atıyorduk. Bu topraklar denize yakın araziyi beş metre kadar büyüttü. Bu kadar büyük bir değişiklik karşısında bile hafiyeler bizim varlığımızdan şüphe etmediler. Tuhaf değil mi?

— ...

— ...

Hayretten kimse tasdik edemedi.

— ... İstanbul'un bir sahili denize doğru büyüyordu da bunu kimse görmüyordu. Halbuki Nil Nehri'nin getirdiği kumlarla, çamurlarla İskenderiye sahillerinin gittikçe denize doğru genişlediğini milli eğitim bütün mektep çocuklarına öğretiyordu, nihayet yirmi senede bu tüneli tamamladık. Yirmi sene! Bu size uzun gelir değil mi?

— ...

— ... Hayır, bir devrimci, bir ihtilalci için bu zaman, yirmi dakika kadar kısadır. Ne eziyetler çektik. Saçlarımız ağardı. Şairlerin hayatta bahar farz ettikleri gençliğimiz dar, güneş görmez bir delik içinde kazma vurmakla geçti. Dişlerimiz döküldü...

Feci, yorgun, perişan bir tavırla bu yirmi senelik uğraşmayı; Sulukule'nin Yenibahçe'nin, Fatih'in, hatta Haliç'in.. Beyoğlu'nun, Nişantaşı'nın altından geçen sonsuz tünelin sonsuz karanlıklarını Ahmet Bey anlattıkça masanın dibindeki köse mümeyyiz fenalaşıyordu. Ah şimdi hürriyet olmasa, eski istibdat zamanı olsa ona kaç yaşında olduğunu soracak; "Yirmi dört yaşındayım!" cevabını alınca, projesini kaç yaşındayken yaptığını tekrar soracaktı... İşte dayandığı şu geniş masanın üstünde dimdik duran bu genç kazmayla değil, daha bir toplu iğne ile bir toprağa dokunmamıştı. Bunu görüyordu. Elleri pek pembe, pek temizdi. Adeta bir kadın eli gibi. Saçları simsiyahtı. Beyaz olan yalnız dişleriydi. Hem içinde bir tane eksik yoktu. Demek bu Jön Türk tüneli dört yaşında kazmaya başlamıştı. Soru boğazından dilinin üstüne geliyor, dudaklarına dayanıyordu. Fakat köse mümeyyiz yutkundu. Sorusunu karnına indirdi. Çünkü artık hürriyet devri içine girilmişti. Bir kahramana karşı gelerek soru sormak tehlikeli bir suçtu. Kulağında bu korkunç kelimenin çınladığını duydu.

— İdam! İdam!

Pencere ile avlunun arasındaki mesafe gözünün önüne geldi. İçini çekti. Sustu. Takma adı Ahmet Bey olan kahraman, hikâyesini anlattıkça salonun içindekiler titriyorlar; hayret, takdir sesleri çıkarıyorlardı. Hiç kimsenin inanmamazlık aklına gelmiyordu. Kalabalık... Bu dinleyen, dinleyerek susan yığın, asla köse mümeyyiz gibi rakama önem vermiyor, "zaman, mekân" prensipleriyle düşünmüyordu; en atmasyon olayları, en esassız bir masalı, en büyük bir gerçek gibi dinleyip inanmak yeteneğine sahipti. Evet.. Bu tünel nihayet bir gece bitmişti. Masanın üzerinde canlı bir heykel gibi muhteşem bir vaziyet alan kahraman, hikâyesinin burasına gelince göğsüne vurdu:

— İşte vatandaşlar! dedi, bir gece kazmamızı vurunca yıldızla dolu semayı gördük. Burası sarayın bahçesiydi! Ben başımı çıkardım. Etrafı dinledim. Biraz ileride nöbetçiler geziyordu. Mabeynin mükemmel bir haritası yanımızda hazırdı. Tekrar tünele çekildik. Özel bir ihtilal aletiyle mevkimizi tayin ettik. Zorbanın yattığı köşkten yüz metre uzaktaydık. Arkadaşlarıma veda ettim. "Haydi siz gidin. Beni yalnız bırakın," dedim. Onlar tünele girdiler. Yeraltından Sulukule'ye doğru gitmeye başladılar. Siz o zaman, o gece, o saat, o saniye kim bilir ne kadar rahat, ne kadar rahat, ne kadar huzurlu sıcacık yatağınızda mışıl mışıl uyuyordunuz. Halbuki.. Ben ne heyecanlar geçiriyordum.

Bütün salon bir kulak kesilmiş; nefes almıyor, dinliyor, olayın dehşetinden herkesin dizleri titriyordu. Kahraman, hareketlerini, vücuduyla tekrarlayarak yerde nasıl sürüne sürüne gittiğini, iki dakika içinde yirmi üç tane nöbetçi erini nasıl zehirli hançerle öldürdüğünü, nihayet zorbanın yanına giriverince nasıl tabancasını alnına dayayıp sakalından tuttuğunu anlattı.

?!?!...

— ... Zorba, "Aman, Jön Türk! Benden ne istersen iste, vereyim. Yalnız canıma dokunma!" deyince ben, "Senden bir şey istemem. Yalnız şimdi hürriyeti ilan edeceksin. Yoksa karışmam," dedim. Can korkusuyla hiç düşünmedi. Huzuruna giremeyen mabeyincilere, sakalı elimde yazdığı emri gönderdi. İşte bu sabah gazetelerde okuduğunuz bildiri benim ona yazdırdığım satırlardır...

....

Kahraman anlattıkça hikâyesi kulaklardan geçerek ağızlardan çıkıyor, ağızdan ağza yayılarak kapıdan, Babıâli'nin avlusundan dışarı savruluyordu. O gece bu olayı İstanbul'da duymayan kalmadı. Sokaklara fırlayan binlerce kâtip, Jön Türk'ün kahramanlığını anlatıyor, işitenler henüz işitmeyenlere –kendilerinden de bazı şeyler katarak– tekrarlıyorlar... kadınlar evlerde, ihtiyarlar mahalle kahvelerinde, askerler kışlalarında, yirmi dört saat önce bütün dünyaya hükmeden müstebidin nasıl sakalı ele verdiğini hayal ediyorlardı.

* * *

Ahmet Bey o akşam Nişantaşı'ndaki annesinin evine büyük bir zafer alayıyla gitti. Babıâli'ye getirttiği arabasının atlarını çıkarmıştı. İkindiye doğru hürriyetin sahiden ilanına inanan tıbbiyeliler, hukuklular, darülfünunlular,[1] medreseliler Babıâli'ye üşüşmüşlerdi. Hepsi, Ahmet Bey'in arabasına koşuldu.

(1) Darülfünun: Üniversite.

— Yaşasın hürriyet! Yaşasın hürriyet!

Nakaratıyla çekmeye başladılar. Babıâli Caddesi cülûs[1] günü gibi donanmıştı. Köprüden geçerken Ahmet Bey,

— Artık köprü parası alınmayacak, bu vahşiliktir, hürriyete yakışmaz, diye haykırdı. Mektepliler kendi hürriyet tanrılarının bu narasından coştular. Galeyana geldiler. Para toplayan memurları boyunlarındaki kutularla beraber denize fırlattılar. Memur barakalarını parçaladılar. Alay köprünün ortasına gelmeden Aziziye karakolunu boşaltan askerler, takım kumandanları, yani onbaşıları önlerinde olduğu halde Galata'ya doğru kaçışıyorlardı. Jön Türk'ün arabasını çeken mekteplilerle medreselilere katılan halk on bini geçmişti. Bu muazzam alayın başı Karaköy'e geldiği halde Zülfikâr[2] gibi iki kuyruklu ucunun biri Bahçekapı'da, biri henüz Yenicami muvakkithanesinin[3] önündeydi. Birkaç dakika içinde, bütün Galata'da dükkânlar kapandı. "Patridaları[4] olan Türkiye'yi ateşinden yanacak derecede şiddetli bir muhabbetle seven sevgili sadık "yerli Yunanlı" kardeşlerimiz de hemen Jön Türk'ün alayına katıldılar. Yahudiler Balat'tan ayrı bir alay yapmış koşuyorlar, hürriyet gösterilerine yetişmek istiyorlardı. Belki İstanbul şimdiye kadar böyle sevinçli, böyle kitlesel bir hareket görmemişti. Alay Beyoğlu'na geldi. Fakat büyüdü. Büyüdü. Büyüdü. O kadar büyüdü ki Caddeikebir[5] bu kalabalığı almadı. Sıkışanın, üzülenin, ezilenin haddi hesabı yoktu. Bu ani taşkınlıktan şaşıran elçilikler tuhaf bir şaşkınlıkla bayraklar çekmişler, daha ne olduğunu iyice anlayamadıkları bu olayı selamlıyorlardı. Genç mekteplilerin kalın enseli, ince fikirli, son derece hürri-

(1) Cülûs: Padişahın tahta çıkması, hükümdar olması.

(2) Zülfikâr: Hz. Muhammed'in Hz. Ali'ye armağan ettiği ucu çatallı kılıç.

(3) Muvakkithane: Eskiden güneşe bakılarak namaz vakitlerinin tayin edildiği yer.

(4) Patrida: Vatan, yurt.

(5) Caddeikebir: İstanbul'da, Beyoğlu'ndaki İstiklal Caddesi'nin eski adı.

yet taraftarı medreselilerin sevinç gözyaşları dökerek çektikleri arabada küçük dağları yaratmış bir tanrı yavrusu gibi kurulan Ahmet Bey Rus elçiliğinin önüne gelince insandan atlarına "çüş!" manasına gelen garip bir ses çıkardı:

— Durrrr...

Araba durdu. Alay durdu. Naralar, alkışlar durdu. Bu lâhuti[1] sükût içinde Jön Türk'ün, hürriyet tanrısının sesi işitildi:

— Ey vatandaşlar! Bizi dünyada en çok seven mukaddes komşumuzun, sevgili çarlık Rusyası'nın elçiliği önündeyiz... Onları selamlayalım. Eski hain istibdat idaresi, en sevgili kardeşlerimiz olan Rusları, özgürlükçü Rus çarını bize düşman bildirmişti. Hayır, hayır, hayır... Hiçbir devlet kendi komşusuna düşman olamaz. Olamaz. Bu, mantığa aykırıdır. Her ne kadar mantık yoksa da, yine aykırıdır. Bizim düşmanlarımız olsa olsa İspanya, Portekiz, İsveç, Norveç, Monako, Liberya, Arjantin, Panama hükümetleridir.

Biz bunların hücumundan korkmalıyız. Dünyanın en büyük özgürlükçüsü olan çarın hükümeti hür bir Türkiye'ye düşman olamaz...

... Bu nutuk uzadı. Kendi memleketimizi bizden daha çok sevdiklerinden hiç kimsenin şüphe edemeyeceği sadık yerli Yunanlı kardeşlerimiz ellerinden kıvılcımlar çıkacak derecede bu nutku alkışlıyorlar,

— Zito, zito, zito!..[2] diye avazları çıktığı kadar haykırışıyorlardı. İngiltere elçiliğinin önünde de Ahmet Bey bir nutuk söyledi. Bütün Osmanlılar anladı ki bizim en hakiki dostumuz, hatta müttefikimiz Rusya imiş...

... Alay Harbiye Mektebi'nin önüne gelince o kadar çoğalmıştı ki... Tek bir hareket imkânı kalmadı. Hava kararıyor, akşam oluyordu. Ahmet Bey sabahtan beri hiçbir şey

(1) Lâhuti: Tanrısal.

(2) Zito, zito, zito: Yaşa, yaşa, yaşa!

yemediğinin şimdi farkına vardı. Arabanın üstünden dedi ki:

— Artık alayımız hareket kabiliyetini kaybetti. Bari bana bir kişilik yer açınız da evime gideyim.

Mektepliler hep bir ağızdan bağırdılar:

— Asla, ey hürriyet kahramanı! Asla! Senin ayağın toprağa layık değildir. Caddeler, sokaklar seni görmek isteyenlerle dolu... Onların başlarına basarak yürü. İstediğin yere git...

Arabanın içinde biraz doğruldu. Nişantaşı tarafına baktı. Gerçekten yer hiç gözükmüyordu. Kımıldamayan bir halk sürüsü bütün yolu doldurmuştu. Sabahleyin rahat rahat geçtiği sokak şimdi bir buçuk metre kadar yükselmiş, kırmızı tuğla kaplanmış gibiydi. Kalktı. Düşünmedi. Bir eliyle tek gözlüğünü tutarak bu kırmızı, fakat yumuşak tuğlalar üstünde yürümeye başladı. Alkışlayan eller ayaklarını okşuyordu. Yumuşak tuğlaların altından birtakım canlı yuvarlaklar kımıldıyor, sonsuz bir uğultu gökyüzüne yükseliyordu:

— Ya.. şa.. sın.. Hür.. riyet!

Ahmet Bey düşe kalka evinin önüne geldi. Ama kapıya inmek ihtimali yoktu. Halk sıkışmış kımıldayamıyordu. İkinci kat pencerelerinden bakan hizmetçiler beylerini herkesin başında, elleri üstünde yürüyor görünce, koşup hanımefendiye haber verdiler. Hanımefendi otuz senedir İstanbul'da oturduğu halde Türkçe konuşmasını öğrenmemiş bir Çerkez'di. Kızların laflarını iyice anlayamadı. Ama sevgili Ahmet'inin ismini duyunca, "Acaba bir kaza mı oldu?" diye pencereye koştu. Balık istifi gibi sokağa dolan halkın başları üzerinde gezinen oğlunu görünce şaşırdı. Panjuru araladı:

— Ayol ümmeti Muhammed'imin[1] başında yürümeye böyle utanmıyor musun, Ahmet?..

Ahmet Bey başını kaldırdı. Takma isminin hâlâ kullanılması birdenbire onu hiddetlendirdi. İçeri girmek istediğini

(1) Ümmeti Muhammed: İslam dininde olanlar.

unuttu.

— Affedersin anne! Benim adım Ahmet değil... dedi.

Zavallı kadın yanlışlık olmasın diye oğluna dikkatli dikkatli baktı. Hayır, hiç şüphesi yoktu. İşte oydu! Tam kendisiydi. Doğurduğu, meme verdiği, büyüttüğü, ismini koyduğu oğlu... Ahmet Beyciğiydi. Kızdı:

— Halt etmişsin. Adın senin Ame...

— Değil işte...

— Hayır, Ame, Ame...

— Ahmet değil, işte.

— Sus, aklını mı kaybettin? İçerime fenalık gelecek.

— Hayır, Ahmet değil diyorum. Sen benim asıl ismimi bilmezsin...

Bu tartışma ana oğul arasında adeta şiddetlice bir kavga halini aldı. Zavallı kadın oğlunun ismi "Ahmet" olduğuna evdeki bütün hizmetçileri, ihtiyar dadısını şahit getirip pencereden gösteriyor, rahmetli babasının şeyh efendisinin, doğduğu vakit kulağına avazı çıktığı kadar ezan okuyarak "Ahmet" ismini koyduğunu, hatta ezanın şiddetinden küçükken kulağı ağrıyıp da ergen oluncaya kadar aktığını anlatıyordu. Ahmet Bey bütün hatıralara, şahitliklere karşı inkârında inat etti. O kadar ki, annesinin sinirleri tuttu. Zavallı kadın oğlunun ismi kaybolur, yahut değişirse onu bütün bütün elden kaçıracakmış gibi bir vehme kapılıyor, haklı olduğunu ispata çalışıyordu. Fakat başarılı olamadı.

— Hayyyy... diye bir çığlık kopardı. Arkasındaki hizmetçi kızın kucağına düştü. Bayıldı. Ahmet Bey'in üzerinde gezindiği yumuşak tuğlaların altındaki canlı yuvarlak taşlardan çıkan fısıltılar, sakin bir göl dalgası gibi, birbirine karışıyor; "müthiş Jön Türk'ün gerçek ismini annesinin bile bilemediği" uzaklara, İstanbul'un ta en ücra köşelerine yayılıyordu. Ahmet Bey annesini merak etti. Aile içinde "deli saraylı" şöhretini taşıyan bu kadıncağız en ufak şeye hiddetlenir; elleri, çeneleri kilitlenir, bayılınca saatlerce ayılmazdı. Ahmet Bey son gayretle, kapının önündekilerini biraz aralık edip aşağıya inmeye çalıştı. Olacak iş değildi. Göstericiler bir granitin ecza-yı ferdiyesi[1] gibi sıkışmışlardı. Eve nasıl girecekti? Galatasaray'ın jimnastik dersleri onu usta akrobat yapmıştı. Sinemalarda aktörlerin, hırsız, apaş rolüne çıkanların duvarlardan atladıklarını, en üst pencerelerden binalara daldıklarını gördükçe hep içinden; "Ben daha çeviğim, ben olsam bu kadar yavaş tırmanmam!" der, yanındakilere kendisinin bir el ile barfikste tam eksen döndüğünü söylerdi. İşte şimdi uygun bir fırsat... Herkes onun çevikliğini, marifetini görecekti. Akrobatlığı, cambazlığı şöhretine şöhret, şanına başka bir şan ilave edecekti. Diyeceklerdi ki:

— Aman bu Jön Türk! Düz duvarı kedi gibi çıkıyor. Yüksekten, tehlikeden hiç korkmuyor, ne cesaret, ne cesaret!

Evet, madem ki fırsat düşmüştü. Cesaretini göstermek lazımdı. Sokağı dolduran bu kalabalığın sebebini anlamayan, kalabalığın kafalarında gezen beyini gayet eğlenceli bir palyaço gibi seyrederek gülen Anadolulu arsız evlatlığa,

— Kız dadımı çağır, diye haykırdı. Evlatlık hemen pencereden kayboldu. Bir dakika sonra tekrar aynı pencerede göründü.

— Dadı gelmiyor.

— Niçin?

— Hanımefendiyi koku ile ovuyor.

— Mehveş'i çağır.

— Mehveş Ablam da hanımefendinin kollarını ovuyor.

— Peyker'i çağır.

— Peyker Ablam da hanımefendinin ayaklarını ovuyor.

— Pesend'i çağır.

— Pesend Ablam da hepsinin eline kolonya döküyor.

---

(1) Ecza-yı ferdiye: Bütünü oluşturan ayrı kısımlar.

— Despina nerede?

— Bilmem.

— Git çabuk, bak...

Evlatlık yine pencereden kayboldu. Aradan çok geçmedi. Yine aynı pencereden görünerek haykırmaya başladı.

— Geliyor mu?

— Saçlarını düzeltiyor. Gelecek.

... İkinci kat pencerelerinin birinden Despina göründü. Şeytan, maskara, güzel bir Rum kızı... Hürriyetin ne olduğunu çapkın pekâlâ biliyordu. Sokakta gürültüden, bağrışmalardan hiçbir şey anlamayan Bolulu ahçıbaşıya demin hürriyetin manasını, "Sizin hanımlar da bizim gibi olacak artık! Hürriyet bu demek!" diye anlatmıştı. "Tuh, tuh, töbe... Sus gopeğin kızı..." diye hürriyeti anlamayan koca Türk hâlâ bu gürültüleri, bu kalabalığı bir yangın sanıyor, "Ateş buralara gelinceye kadar ben yemeği verir, bulaşıkları bile yıkarım," düşüncesiyle hiç istifini bozmuyordu.

— Ne istiyorsunuz Beyefendi?

— Görüyorsun ya, içeri gireceğim. Sokak kapısına inecek yer yok.

— Ne yapayım?

— Git çamaşır iplerinden getir. Sarkıt. Ben tırmanarak pencereye çıkayım.

Bu kadar alaylı bir manzara Despina'yı gülmekten katıltıyordu.

— Şimdi, şimdi Küçük Bey, diye kahkahalarla sıçrayarak ipi getirmeye gitti. Ahmet Bey pazılarını elleriyle yokluyor, altındaki kalabalığa bakıyor, mektepte imtihanlara girerken duyduğu heyecana benzer bir ürperme kalbini biraz fazla çarptırıyordu. Sabahtan beri yorgunluktan, açlıktan hisleri körleşmişti. Altındaki kalabalık bir şeyler bağırıyor, fakat artık o manasını anlamıyordu. Kulakları derin şimşekli bir uğultu ile dolmuştu.

— Hürriyet!

— Yaşasın!

— Jön Türk!

Bu kelimelerin anlaşılması bir surette karışmasından meydana gelen bir uğultu... müthiş, muazzam bir gürültü...

Despina elinde ip, ikinci kattan görününce Ahmet Bey,

— En üst kata, en üst kata çık! diye haykırdı.

— Düsezeksiniz, beyim.

— Haydi sen karışma. En üst kata çık diyorum.

Ahmet Bey'in, fırsat düşünce başarının en fazlasını elde etmek âdetiydi. En üst katın pencereleri dururken ikinci kattan girmek gerçekten abesti. Çapkın Despina'yı dördüncü katın pencerelerinde bekliyorken, tavan arasının penceresinden ipi sarkıttığını görünce öyle sevindi ki...

— Sarkıt, sarkıt...

— İşte.

— Biraz daha...

Ahmet Bey ipin ucunu tuttu. Despina yukardan haykırdı:

— İpi nereye bağlayayım?

— Orada bir yer yok mu?

— Panjurun demir mandalı var.

— Pekâlâ. İşte ona bağla.

İp bağlandıktan sonra kalabalığın alkışları arasında yavaş yavaş Ahmet Bey çıkmaya başladı. Kollarının müthiş kuvvetini göstermek için ayaklarını hiç ipe dokundurmuyordu. İkinci katı geçmişti. Birdenbire Despina'nın çığlığıyla beraber demir mandal koptu. Ahmet Bey ahalinin tepelerine yuvarlandı. Bu yuvarlanıştan şüphesiz başları çok acıyan, beyinleri sarsılan halk hiçbir şikâyet sesi çıkarmadı. Aksine yine olanca kuvvetleriyle,

— Yaşasın Jön Türk, yaşasın! diye haykırıştılar.

Ahmet Bey başını yukarı kaldırdı:

— Despina, Despina... diye avazı çıktığı kadar haykırdı. İşittiremedi. Tavan arasının penceresinden yarı beline kadar sarkan, ellerini çırpan Rum kızı alkışlardan etkilenmiş sıçrayıp duruyordu. Elini salladı:

— Despina, Despina... be!

Efendisinin olağanüstü durumundan galeyana gelen kız ince sesiyle haykırdı:

— Ti ehi vire Beyimu?

— Tekrar ip sarkıt.

— Ne yapazaksınız?

— Göreceksin...

— Kala, kala...

— İpleri balkona bağla. Ucunu aşağı uzat.

— Kala, kala...

....

Tavanarasının balkonundan eve girmeyi pek hoş bulan kız yine tekrar keskin bir kahkahayla halkın gürültüsünü çınlattı. Ahmet Bey Despina'nın sarkıttığı ipi tutunca tırmanmaya başladı. Birinci, ikinci kat hizasına kadar çıktı. Müthiş bir gürültü:

— "Yaşasın! Yaşasın Jön Türk!"

Gürültü camları sarsıyordu. Fakat Ahmet Bey işte ne zamandır beri ipe çıkmamıştı. İdmanı kaçmıştı. Elleri acıyor, kolları kesiliyordu. Aklına tekrar aşağı kayıp ikinci katın penceresinden içeri girivermek geldi. Ama uygun değildi. Tükürdüğünü yalamaktı. İşte madem ki ipi balkondan sarkıttırmıştı, oradan girmeliydi. Maksadından yarı yerde dönmek azimsizlikti. Halbuki kendisi? Jön Türk!.. Yüce bir kuvvet bütün vücudundan taştı. Dişlerini sıktı. Son bir gayretle ipe sarıldı. Santimetre santimetre yükseliyordu. Sokağı dolduran halk,

— Yaşasın, yaşasın! diye haykırıyor, karşı tarafında açılan

panjurlardaki çoluk çocuk kafaları da alkışlara karışıyor, yarı beline kadar sarkan Despina ince sesiyle,

— Gayret Beyimu, gayret... diye onu yüreklendiriyordu. Neyse zorla balkonun kenarına yapıştı. Kollarını kendisine uzatan Despina'yı kucakladı. Mevkinin sevinciyle bu siyah, bu gülen gözlerde derin bir aşk güneşinin yakıcı aydınlığını görür gibi oldu. Halk Jön Türk'ün başarısından deliriyor, coşuyor, taşıyordu. Bu beyaz yanakların üstündeki ince kumral kaşların arasını öpmek istedi. Birden içinden ilahi bir ses,

— Senin aşkın hürriyettir! Ne yapıyorsun? dedi.

— Evet, ne yapıyorum? diye mırıldandı. Despina kollarından kurtularak cevap verdi:

Çok büyük ayıp yapıyorsun, herkes karşısında böyle...

— Haydi, sen aşağı in.

— Baş üstüne!

Kızı aşağı savunca balkona yaslandı. Artık tamamıyla akşam olmuş, sakin gökyüzünde yıldızlar, bu gösterinin azametinden hoşnut oluyor gibi, pırlanta alevleriyle titremeye başlamışlardı.

— Haydi vatandaşlar! Yarına, yarına! diye haykırdı; yarına... Şimdi evlerinize gidiniz. Çoluğunuzu çocuğunuzu tebrik ediniz. Onlara söyleyiniz ki artık mutsuz olmalarının ihtimali yoktur. Çünkü hürriyet güneşi doğdu. Bu güneşin altında bütün sefaletlerin, rezaletlerin nasıl eriyeceğini size uzun uzadıya anlatacağım. Yarın. Yarın. Evet yarın. Zira bugün çok yorgunum. Hem yarın size öyle bir şey söyleyeceğim ki.. Bunu işitince hayatınızın en büyük bir saadetini idrak etmiş olacaksınız.

— Ne söyleyeceksin? Ne söyleyeceksin?

....

— Size şimdiye kadar kimsenin bilmediği gerçek ismimi söyleyeceğim. Evet, yarın bunu işiteceksiniz!

Bu vaat, bu müjde halk arasında öyle müthiş, öyle korkunç, öyle tarif olunamaz derecede şiddetli bir sevinç meydana getirdi ki... Manası anlaşılmaz bir uğultu, dar bir nehrin yatağına akmış bir umman, bir tufan gürültüsünü yükseltiyor, her taraftan açılan panjurlardan kadın, kız, erkek, çocuk başları uzanıyor, bu genel duygulanmaya her taraftan iştirak olunuyordu. Bu uğultu büyüyor, dalgalanıyor, farklılaşıyor, yavaş yavaş bir müzik haline giriyordu.

Ahmet Bey balkondan ayrılamıyordu.

Ruhundaki azametin göklere sığmayacak derecede irileştiğini, adeta bütün kâinata dönüştüğünü duyuyor, kendini bu büyüklük karşısında bir nokta gibi ufacık görüyordu. İpten sıyrılarak kanayan ellerine, kabarık göğsüne, yukarı kıvrılmış siyah bıyıklarına bakıyor, burnunun gölgesinde pembe, manevi bir nurun[1] parladığını fark ediyordu. Büyük sokaktan geniş caddeye kadar uzanan manzaraya dalıyor, hangi imparatorun bu kadar sadık tebaası olabileceğini düşünüyordu. Hayır, hayır... Onun şimdi imparatorların üstünde bir kuvveti vardı. Ne dese şu halk, şu birbirini ezen, bağıran, haykıran, şarkı söyleyen halk ne dese hemen yapacaktı! İmparatorlar değil, hatta hiçbir peygamber hayatında bu kadar sadık, bu kadar tutkun bir ümmete sahip olmamıştı. Allah'la Tur-ı Sina'da[2] görüşen Musa'nın müminleri kaç kişi idi? Kız oğlan kız anasından babasız doğan, doğuşuyla mucizelerin en büyüğünü gösteren İsa'nın kaç mümini vardı? Topu topu on iki kişi değil mi? Bu on iki kişinin içinde de bir hain çıktı. Zavallı peygamberin çarmıha gerilmemek için şeklini değiştirerek genç yaşında göğe kaçmasına sebep oldu. Halbuki şimdi bütün İstanbul, yani bir milyon kişi ona bağlıydı, ondan doğan güneşe tapıyorlardı. Sokakta uğultu büyüyor, büyüdükçe musikileşiyordu. Ahmet Bey

(1) Nur: Aydınlık, ışık, ilahi bir güç tarafından gönderildiğine inanılan parlaklık.
(2) Tur-ı Sina: Sina Yarımadası'nda Allah'ın Musa ile konuştuğu iddia edilen dağ.

bir an, eskiden tanıdığı bir ahengin yükselir gibi olduğunu zannetti.

Evet, evet... Bu havayı tanıyordu.

Halk, hayır halk değil; halkın "deha" sesi otuz üç sene evvel hürriyet rüyasından kalma bir nağmenin, veznini bozmadan, güftesini değiştiriyor, düzeltiyor, bağırıyordu:

Kalkın, ey ehli vatan!
Biz de şadan[1] olalım,
Bu "Jön Türk"ün uğruna
Biz de kurban olalım...

Gök iyice karardı. Havagazları, gelip gidip kesildiği için yakılamamıştı. Sokaktaki kalabalık seyrekleşe seyrekleşe caddeye aktı. Ahmet Bey balkonun tırabzanına dayadığı kolunun uyuştuğunu duydu. Derin düşüncelerden uyanan dalgınlara has canlı bir mahmurlukla doğruldu. Balkon kapısını açtı. Üzerinde yatak yığınları duran sandıkların arasından geçti. Merdiven kapkaranlıktı. Parmaklığı tutarak indi. İkinci kata gelince annesinin odasına doğru yürüdü. Hâlâ ayılmamış olacaktı. Zavallının kollarını, göğsünü kolonya ile ovan hizmetçilere kapıdan sordu:

— Daha açılmadı mı?

Kızlar,

— Hayır... dediler. Annesinin hizmetçi kıtlığına kıran girmiş gibi Kastamonu'dan getirttiği arsız evlatlık ilave etti:

— ... Hep kulağına "İsmi Ahmet Bey'miş. Şaka yapmış." diye bağırdık. Duymadı.

....

Ahmet Bey, bu tedavi tarzına fena halde kızdı. Kan beynine fırladı. Yüzü kızardı. Yumruklarını sıkarak,

---

(1) Şadan: Sevinçli.

— Bir daha bana "Ahmet Bey" dediğinizi duyarsam vallahi hepinizi döver, bu evden kovarım! diye haykırdı.

Baygın annesinin uzandığı kırmızı kadife kanepenin başı ucunda ayakta duran ihtiyar dadısı, böyle birdenbire değişen beyinin haline feci feci baktı:

— Öyle ise artık size ne diyelim?

— Asıl ismimi söyleyiniz.

— Asıl isminiz ne?

— ...

Bunu henüz Ahmet Bey de bilmiyordu.

— ?

— Yarın söylerim, dedi, aceleden patlıyor musunuz? Daha dünyada kimse asıl ismimi öğrenmedi!

— ...

* * *

İnce, beyaz Mısır hasırı döşeli sofadan yürüdü. Yatak odasına girdi, elbiseleri, kitapları, kâğıtları kısacası her şeyi bu geniş odadaydı.

Havagazı lambasını yakmışlardı. Açık pencerenin yanındaki Şam kumaşı kaplanmış alçak koltuğa kendini attı. Bir an daldı. Kımıldamadı. Ansızın tek gözlüğü düştü. Onu yerden alırken karşısında Despina'yı gördü. Haberi olmadan içeri girmişti.

— Servi,[1] Müsyü, servi...

— Haydi git, yemek filan istemem, diye onu kovdu.

....

İşte bir anda halkın ilahı oluvermişti. Bunu hissediyordu. Evvela sırf boş bir övünmeden, amaçsız bir cakadan, dipsiz bir gösterişten ibaret olan "hürriyetçilik" iddiasını "halk" denilen yığın gerçek sanmıştı. O şimdiye kadar bütün tanıdıklarını adeta bir sanat edindiği "satışı" sayesinde aldatırdı. Mesela her

(1) Servi: Sofra kuruldu anlamında bir sözcük.

ay annesinin verdiği on beş lira ile kalemden aldığı iki bin beş yüz kuruştan başka on para bir geliri olmadığı halde kendine bir zengin, bir milyoner süsü verir; tanıştıklarının hepsi de onu zengin tanırlardı. Döneminin ne kadar büyük adamı varsa hepsini tanır ve evlerine gider, sofralarında kalır... gibi görünürdü. Kalemde daima şöyle söze başlardı:

"... Başkâtip Paşa'nın konağında o gece sabaha kadar eğlendik. Bir saat uyumamışım, kalkınca..."

Yahut,

"... Tam yatacaktım. Kapı çalındı. Mabeynden bir yaver gelmiş. Darüssaade ağası[1] beni istemiş!

— Gidemem, hastayım... diyecektim, ama... Beni çok sever. Hatırını kırmak istemedim.. Bu soğukta kalktım gittim. Yanıma şeyi... Evet, neyse... onu yanıma aldım. Dışarı fırladım..."

Yahut da,

"... Fehim Paşa arabasını o gün bana vermişti. Margrit'e iki yüz elli liralık bir çek gönderdim. Hemen geldi. Arabaya, sahibinin metresiyle binerek öyle bir eğlendik ki... Tarif edemem..."

Vs., vs., vs...

Halbuki bunların hiçbirisinin aslı yoktu. Yalnız büyük adamlara ilişkili görünmekle yetinmez; cesur, şair, yazar, filozof, âlim, derviş, pehlivan, tamburacı, damacı filan... görünmek ister, hem de görünürdü. Kalemde küçüklerin yanında hep kendine "Esrarengiz bir Jön Türk" süsü verir, bir satırını görmediği halde Namık Kemal'in bütün eserlerini okuduğunu söyler, aklında kalmayan bazı şiirlerini bile ezberden okurdu. Hatta şehit Mithat Paşa'nın kanlı gömleğinin evinde saklı olduğunu rast geldiğine bir sır olmak üzere söyler, bu sırrı sakla-

---

(1) Darüssaade ağası: Osmanlı saraylarında harem dairelerinin en büyük amiri olan hadım, kızlar ağası.

yacaklarına peşinen yeminler ettirirdi. Herkesi inandırmakta son derece ustaydı. Çünkü görünmek, caka satmak istediği şeyin aslına hiç önem vermezdi. Onun önem verdiği şey: Yalnız öyle görünmekti... İşte bütün kuvvetini bu tarafa sarf ettiği için başarılı olurdu. Görünmek istediği şeylerden birisi de zenginlikti. Zengin olmayı aklından bile geçirmezdi. Aslında zenginliğin de onca hiçbir önemi yoktu. Yalnız zengin görünmek önemi vardı. Bir zengin gibi hareket eder, daima aslı olmayan yüz bin liralardan, çeklerden, madenlerden, apartmanlardan bahsederdi. Gayet cimri olan annesinin ne kadar geliri olduğunu da bilmiyordu. Babası nesi var nesi yok, bu kadına bırakmıştı. Dili gibi tabiatını da değiştirmeyen bu köylü Çerkez, sineği sıkıp yağını çıkaracak derecede tutumluydu. Daima sofrada kendisine,

— Ah, paranın bereketi kalmadı. Boğaza yetiştiremiyorum, diye sızlanırdı.

— Anne! Yemekte para, masraf lafı etme! diyen Ahmet Bey yarın mirasa konunca satın alacağı gümüş takımları, vereceği ziyafetleri düşünerek dalar giderdi. İlmi bilgisi, kuvvetli, kibarlığı, şıklığı, özetle her şeyi biraz kabuk, biraz renk, biraz boya idi. Neye kıymet verilirse o kıymete gerçekten sahip olmaya çalışmaz, o kıymet kendisinde eskiden varmış gibi görünmeye uğraşır, başarılı da olurdu.

Fakat bu son başarısı...

... O kadar büyüktü ki... Şimdi düşünürken kendisi bile şaşıyordu. Evet, büyük bir cesaret göstermiş, Babıâli'de, daha herkes korkuyla şüpheden uyuşuk dururken,

— Yaşasın hürriyet!.. diye haykırmıştı. Sonrasını pek iyi hatırlıyordu. Çorap söküğü gibi gitmişti. O "toplumun" da "bir birey" gibi, belki bireyden çok, hayalci bir isterik[1] olduğunu bilmezdi. Bireylerin inanamayacağı ne kadar kaba yalanlar

(1) İsterik: Duyu bozuklukları, ruh karışıklıkları ile kendini gösteren bir tür sinir hastalığı olan kimse.

varsa toplum bunlara hemen kapılır, fakat... Fakat çabuk ayılır; hayali, bireyden çabuk kırılır.

Şimdi koltuğunda derin bir hülyaya dalan Ahmet Bey toplumun ruhundaki bu oynak eğilimden haberi olmadığı için hâlâ dışardan gelen sesleri, gösteri gürültülerini dinleyerek halkın kendisine verdiği değere kendi de değer veriyor; hayalinde şanla, şerefle, altınla çerçevelenmiş pembe, sonsuz bir ufuk açılıyordu.

Yarın ne olacaktı?

İsmi duyulunca şöhreti bir anda telgraflarla dünyanın her köşesine yayılmayacak mıydı?

Fakat ismi?

Evet, sabah olmadan ismini, asıl kendi ismini bulmalıydı. Düşünmeye başladı. Aklına "edebiyatı cedide"[1] romanlarında okuduğu isimler geliyordu: "Bülent, Nevin, Nahit, Fahir, Şükran, Şadan, Kâmuran, Süha, Neriman falan..." hayır, bunları beğenmiyordu. Öyle bir isim olsun ki... hiç işitilmemiş, hiç kullanılmamış olduktan başka kendi varlığına, büyüklüğüne, önemine uysun! İki saatten çok aradı. Bulamadı.

Ne kadar isim varsa hepsi kullanılmıştı. Kullananların hepsini kendinden aşağı, kendini onların hepsinden yukarı, yüksek görüyordu.

— Yeni bir kelime uydurmalıyım, dedi. Ama bu nasıl olacaktı. Bestekâr Verdi'nin ismini hatırladı. Tokatlıyan'da anlatırlarken işitmişti. Bu bestekâr, kralından mükâfat olarak ismini istemiş, kral da ona kendi isminin her kelimesinden yalnız birer harf vermişti.

"Viktor Emanuel (Ruva d'İtali[2])" v, e, r, d, i, işte "Verdi" ismi! "Verdi" ismi böyle doğmuştu. Halbuki o kimin isminden harf alabilirdi. Abdülhamit Han Hazretlerinden mi? Hayır!

(1) Edebiyat-ı cedide: 1896'dan 1901'e kadar süren edebiyat devri, Servet-i Fünun edebiyatı diye de anılır.
(2) İtalya kralı.

Hâşâ... Onu yarın belki yerinden düşürecekti. Korkar gibi etrafına bakındı. Dolabın aynasında kendisini gördü. Fesi bile hâlâ başında duruyordu. Çıkardı. Karşıki kanepeye fırlattı. Parmaklarıyla alabros saçlarını düzeltti. Hâlâ sokakta göstericilerin, hürriyetçilerin sesleri dalgalanıyordu. Tek gözlüğünü eline aldı. Göğsündeki cebinden çektiği ipekli mendille silmeye başladı. Mutlaka bir hükümdar isminden mi harf alınabilirdi? Birkaç hükümdarın isminden de pekâlâ alınabilirdi?. Mesela Avrupa hükümdarlarının isimlerinden... Ayağa kalktı. Lavabonun yanındaki küçük akaju yazıhaneye oturdu. Yazıhanenin sağında yüksek bir turnant[1] vardı. Raflar eski "Frou Frou" nüshalarıyla dolu idi. Ahmet Bey Türkçe cinayet romanı tercümeleriyle bu açık Paris gazetelerinden daima alırdı. Romanları sabahleyin okur, Culotte-Rouge'un, Sans Gène'in yatmadan evvel resimlerine bakardı. Son okuduğu cinayet romanlarından bir tanesi turnantın tam üstünde idi. Uzandı. Onu aldı. Kabını açtı. Boş sayfaya cebinden çıkardığı kırmızı mürekkepli bir kalemle aklına gelen Avrupa hükümdarlarının isimlerini yazdı: Nikola, Vilhelm, Edvard Viktor Emanuel, Alfons, Yorgi Jorj, Fransuva Jozef, Albert, Hakon... Bu isimlerin başlarından birer harf topladı. Yazdı:

— Nveveayjfjah.

Yazdığına baktı. Telaffuz etti. Bağırdı. Hoşuna gitmedi. Bu harflerin birkaç defa yerlerini değiştirdi:

— Hafyavjevn,

— Fanvejavah,

— Vajnohfa,

— Jafnahevv...

Yavaş yavaş okudu. Ağır okudu. Hızlı okudu. Bağırdı. Hayır, hayır... Beğenmedi. Hoşuna gitmedi.

— Vay anasını, dedi, beni ya Hintli ya Çerkez sanacaklar,

---

(1) Turnant (Fransızca: Tournante): Döner koltuk.

hep Hintli, hep Çerkez ismi çıkıyor.

Sonra hürriyetin üç meşhur şiirinden birer harf almayı düşündü. Onu da tecrübe etti: Hürriyet, müsavat,[1] adalet, uhuvvet![2] Yazdı:

— Humma...

Hastalık ismi! Beğenmedi. A'yı ortaya aldı:

— Ham...

Yüzünü buruşturdu.

Bir kere daha değiştirdi:

— Amh...

Gece yarısı geçti. O hâlâ romanın kenarlarına isimler yazıyor, başlarından birer harf topluyordu. Meşhur kahramanların, meşhur devrimcilerin isimlerinden çıkardığı kelimeler birbirinden münasebetsiz, birbirinden biçimsiz oluyordu. Sonunda bu yöntemi bıraktı. Yazıhanenin üstündeki romanlarda rast geldiği bazı sözcüklere bakmak için daima bir "Lügat-ı Osmaniye" dururdu. Ona el attı. Önüne açtı. Karıştırmaya başladı. Gözü ansızın bir kelimeye takıldı, kaldı:

— Efruz...

Anlamını okudu:

"Aydınlatan, ışıklandıran."

Tekrarladı:

— Efruz,

— Efruz,

— Efruz,

....

Hoştu. Ahenkliydi. Hele manası tamamıyla kendine uyuyordu. İstibdat, zulüm karanlığını o aydınlatmamış mıydı? Bundan başka, evet, şimdiye kadar hiç kimse bu ismi taşımamıştı.

— Efruz, Efruz...

---

(1) Müsavat: Eşitlik.

(2) Uhuvvet: Kardeşlik.

Gece gündüz tamlama yapmak için sözlüklerde Arapça, Acemce kelime arayan şairler, edebiyatçılar nasıl olup bunu bulamamışlar, kendilerine mahlas[1] diye kullanmamışlardı. Buna şaşıyordu. Bu, tamamıyla büyüklük, yücelik, yükseklik, harikuladelik ismiydi.

— Efruz Bey, Efruz Beyefendi, Efruz Paşa, Efruz Han, Efruz Sultan, Efruz Şah...

Ayağa kalktı. Bir aşağı, bir yukarı gezinmeye başladı. İsmini telaffuz ediyordu. Asıl kendi ismini telaffuz ediyordu.

Efruz Bey, Efruz Bey...

... Artık sabah oluyor, yıldızları silinen göklerin menekşe rengindeki ışıkları camları parlatıyordu. Efruz Bey yirmi dört saattir ne yemiş, ne içmiş ne de uyumuştu. Vücudunda hiç yorgunluk duymuyordu. Sinirlerinde, hayalinde öyle şiddetli bir faaliyet vardı ki.. oturamıyor, duramıyordu, bu sefer asıl ismini öğrenen halk kim bilir nasıl onu alkışlayacaktı:

— Yaşasın Efruz Bey! diye bağıracaklardı. İsminin yankılanmasıyla İstanbul'un yedi tepesi, dünyanın bütün tepeleri, dağları, nehirleri, bataklıkları, gölleri, çölleri, ormanları, yanardağları, hatta, hatta buzdağları çınlayacaktı. Zihni o derece hayal ile doluydu ki... Fikirlerini seçemiyor, bugün ne yapacağını tayin edemiyordu. Hakikaten çok yapacak şey vardı. Fakat bunlar neydi? Bunları henüz düşünemiyordu. Durdu. Yorulmamış bir azmin bütün kuvvetiyle gerildi. Ellerini kalçalarına koydu. Avazı çıktığı kadar bağırdı:

— Yaşasın Efruz Bey!

....

Bütün ev halkı, annesi, dadısı, hizmetçi kızlar, evlatlık "Ne oluyoruz?" diye yataklarından fırlayarak onun odasına koştular. Efruz Bey'i bu kadar erken giyinmiş, dışarı çıkacak gibi hazırlanmış görünce şaşırdılar. Bilmiyorlardı ki o bu sabah

(1) Mahlas: Edebiyatçıların, şairlerin eserlerinde kullandıkları takma ad.

giyinmemiş, fakat dün gece hiç soyunmamıştı. Kenarı gümüşi yollu beyaz bir yemeni ile saçlarını sımsıkı bağlamış olan annesi,

— Ahmetçiğim, niye bağırdın? Sana bir şey mi oldu? Ödümüzü kopardın. Ne var? diye boynuna sarılmak istedi. Efruz Bey hiddetli hiddetli haykırdı:

— Hâlâ bana, hâlâ bana "Ahmet" diyorsunuz ha?

— Ne diyelim?

— Asıl ismimi söyleyiniz.

— Asıl ismin "Ahmet" değil mi? Sen deli mi oldun?

— Sen deli olmuşsun, anne! Benim ismim "Ahmet" mi?

....

Bu kadar büyük bir inanç, bir kesinlik karşısında şaşalayan, ağzı açılıp içinden dili birkaç santimetre dışarı çıkan zavallı kadın gözlerini kırparak tekrar sordu:

— Ya ne?

— Efruz...

— Ne?

— Efruz...

Pek uzun süren birkaç saniye içinde anne, kızlar, dadı, hepsi birbirlerine bakıştılar Sofu kadın böyle isim değiştirmeyi en büyük bir cinayet sayıyordu. Sarayda "kapı yoldaşları"ndan bazısının güzel isimleri olurdu. Yeni gelen halayıklara vermek için bu güzel isimlilerden birisinin ismi alınır, kendisine başka bir isim verilirse, ismin eski sahibi kız yıllarca ağlar, mutsuz olurdu. Hatta bir arkadaşını hatırlıyordu. On bir senelik ismini alıp yeni gelen bir kıza verdikleri için inat etmiş, günlerce yemek yememiş, açlıkla kendini öldürmüştü.

Efruz Bey... Hem bu nasıl isimdi?

— Oğlum, sen Müslümansın, böyle gâvur ismi takınmaya utanmaz mısın?

— Bu gâvurca değil Farsça...

— Nece olursa olsun, hiç böyle isim işitilmemiş!

....

Efruz Bey o kadar kesin konuşuyordu ki, annesi, dadısı, kızlar, nasıl olduğunu bilmedikleri halde, onun asıl isminin "Efruz" olduğuna inanır gibi oluyorlardı.

... Ortalık tamamıyla aydınlanmıştı. Hürriyetçiler hezeyana uğramış bir çılgın sürüsü halinde sokağa birikmişlerdi. Bu sefer ellerinde allı beyazlı hürriyet bayrakları da vardı. Bağrışıyorlardı.

Efruz Bey camı açık pencereden başını çıkardı. Bu vatanseverlere baktı. Beş on bin kişi vardı. Aralarına irili ufaklı mektep çocukları da karışmıştı. Üç kalabalık bando, dün halkın güftesini değiştirdiği marşı çalıyor, çocuklar, büyükler, hepsi avazları çıktığı kadar haykırıyordu:

Kalkın ey Osmanlılar!
Biz de şadan olalım,
Bu Jön Türk'ün uğruna
Biz de kurban olalım...

Zavallıların asıl kendi isminden haberleri yoktu. Bu genel cehalete acıdı. Azıcık daha gözleri yaşaracaktı, eliyle sessizlik işareti yaptı.

Bütün bandolar, bağıranlar sustular.

— Ne istiyorsunuz vatandaşlar?

Halk bir ağızdan cevap verdi:

— Seni, seni...

— Ben kimim?

— Jön Türk'sün, Jön Türk'sün...

— İsmim ne?

— Bilmiyoruz, ismin ne? İsmin ne?

— Efruz...

....

Halk bu ismi işitince hakikaten çıldırdı. Sanki hepsi sarhoştu. El çırpmaları, yaşasın sesleri arasında tekrarladıkları bu isim pek hoşlarına gidiyordu.

Efruz Bey her sabahki tıraş âdetini bile yapamadı. Yalnız lavabonun önündeki aynaya yaklaştı. Siyah bir kremle çabuk çabuk bıyıklarını kıvırdı. Merdivenleri dörder dörder atlayarak aşağı indi. Kapıyı açtı. Dışarı çıktı. Dışarı çıkar çıkmaz halk onu yakaladı. Omuzlarına aldı.

Hareket başladı.

Harbiye Mektebi, Taksim Bahçesi'yle İstiklal Caddesi; her taraf hürriyet bayraklarıyla donatılmıştı. Sokak başlarında yeni bandolar topluluğa takılıyor, halk dün bozduğu güfteyi bugün bir kat daha bozuyor, haykırıyordu.

Kalkın ey hür kardeşler
Biz de şadan olalım,
Efruz Bey'in uğruna
Gelin kurban olalım...

... İlk defa Babıâli'de bağırarak ilan ettiği bu hürriyeti idare etmek için bir merkez lazımdı. Efruz Bey alkışla bağırıştan başka bir şey düşünmeyen halkın elleri üstünde bunu düşündü. Köprü'yü geçerken daha böyle bir merkez kararlaştıramamıştı. Yenipostane binası aklına geldi. Bu zordu. Hem birkaç gün posta işleri durabilirdi. Hükümetin dışında bir yer aklına gelmiyordu. Düyunu Umumiye Dairesi...[1] pek güzeldi. Ama altından çapanoğlu çıkma ihtimali vardı. Büyük bir yer,

---

(1) Düyunu Umumiye Dairesi: Genel Borçlar İdaresi anlamında olup Osmanlı İmparatorluğu'nun son zamanlarında yabancı devletlerden alınan borçlara karşılık gelirleri toplayan yabancıların kurdukları idarenin İstanbul'daki merkezi.

demir kapısıyla, kemerli pencereleriyle gözünün önüne "Sahavet Hanı" geldi. Emretti. Bütün halk hanın yolunu tuttu. Hanın içinde ne kadar tüccar varsa sokağa atıldı.

Efruz Bey kendisine yardımcı seçmekte güçlüğe uğradı. Herkes hürriyet taraftarıydı. Aralarından bazılarını seçip ayırmak eşitliğe aykırı bir hareketti. Sahavet Hanı'na bir saat içinde yerleşildi. Efruz Bey tellallarına hatipleri çağırttı, binden çok hatibin hizmetine hazır olduğunu anladı. Bunları yüzer yüzer hana topladı. İstanbul'un dört bir tarafına saldırdı. İlk yaptığı icraat zabıta ile polis teşkilatını lağvetmek,[1] hapishaneleri boşaltmak oldu. Ona göre polis hürriyetin en birinci engeliydi. İlmin tanıdığı ahlakta kanun; hürriyetti. Bir insan ne kadar hür olursa o kadar düşünür, ne kadar düşünürse o kadar ahlaklı olurdu. Hükümeti de kaldırmayı kurdu. Ama bu birdenbire yapılamazdı. Sabır lazımdı.

... Efruz Bey merkez seçtiği handa İstanbul'un dört bir tarafına taze taze hatipler gönderir, terfi edeceklere tavsiyenameler yazar, hürriyetperverlere vesikalar verirken ismi, şöhreti, dünkü açıklaması yayılıyor, abartılıyordu. Öğleden bir saat sonra çıkan ilaveler bir gün evvelki gösteriler esnasında alınan resimleri basıyor, "Sulukule-Yıldız" tünelinin haritası onar kuruşa her sokakta satılıyordu. Bu tünelin Jön Türklerden alınması için Beyoğlu'nda Levantenlerden[2] oluşan büyük bir anonim şirket kuruldu Yenimahalle'de, Zincirlikuyu'da, Yenibahçe'de, Sulukule'de, Edirnekapısı'nda arazi fiyatı birdenbire fırladı. Hele Sulukule'de Jön Türk tünelinin varlığı duyulduktan sonra arşını[3] on paraya olan arsaların metrekaresi iki yüz liraya çıktı. Fakat Çingeneler bu artışa önem vermediler.

---

(1) Lağvetmek: Bir kuruluşu kaldırmak, dağıtmak.

(2) Levanten: Yakındoğu'da uzunca kalıp yerleşmiş ya da evlenerek soyu karışmış Avrupalı.

(3) Arşın: Yaklaşık 68 cm.'ye eşit olan uzunluk ölçüsü.

"Sulukule-Yıldız" tünelinin İstanbul'da ani olarak uyandırdığı ekonomik hareketin o kadar önemi yoktu. Duyulan şeylerin doğru olduğuna tıpkı halk gibi inanan Yıldız Sarayı'nda da şimdi büyük bir heyecan hüküm sürüyordu. Müstebit daha sabahleyin erkenden en sadık mühendislerini, bahçıvanlarını, kuşçularını toplatmış, sarayın bahçesinde Sulukule tünelinin deliğini arattırıyordu. Bütün tarhlar bozuldu. Sık ağaçlar kesildi. Bu deliği bulmak mümkün değildi. Müstebit oturduğu köşkün küçük bahçesini kapatmak için binlerce çelik levha satın almaya en sadık yaverlerini gönderdi. Köşkünün pencerelerine mitralyözler koydurttu.

Mabeyin tünelin deliğini ararken halkın meraklıları da oradaki deliği bulmaya çalışıyorlardı.

— Yıldız'a giden tüneli bize gösteriniz, diye bahşiş vermeye kalkıyorlar, bu tekliften bir şey anlamayanlar hücum edenleri sarhoş sanarak ellerinden biraz mangiz[1] koparmak hayaliyle çalgı çalıp göbek atıyorlardı.

... Sahavet Han'ın önü ikindiye doğru mahşer gibi olmuştu. Ama bu mahşer, dünkü gibi karman çorman değildi. Sınıflara, milliyetlere göre ayrılmıştı. Mektepliler, softalar, papazlarla kumru gibi ağız ağıza öpüşen hocalar... Kürtlüğü temsil eden hamallar, Rumlar, Araplığı temsil eden Tahtakaleliler, Ermeniler, Yahudiler, Arnavutluğu temsil eden bozacı, muhallebici, esnaf... bahçıvan Bulgarlar, Tophane kahvelerinin canlı demirbaş eşyası makamında olan büyük kalpaklı, gümüş kamalı –hepsi asil, bey olan– Çerkezler.. hep ayrı kümeler halinde gelmişlerdi. Efruz Bey çıkacak, Sultanahmet Meydanı'nda "hürriyet nutku"nu verecekti. Beş altı saat içinde etrafında yirmi kadar mukarreple[2] birkaç yüz kadar yaver peyda oluvermişti. Mukarrepleriyle beraber aşağı indi. Beygirsiz büyük bir

(1) Mangiz: Argoda para.

(2) Mukarrep: Yakın kişi.

lastikli araba kendisini bekliyordu. Tam bineceği sırada dehşetli bir arbade koptu. Mukarrepler, yaverler meseleyi anlamak için halkın içine koştular. Niçin bu tür kardeşlerin boğaz boğaza geldiklerini anlamayan Efruz Bey'e, Araplar, Arnavutlar, Rumlar, Bulgarlar, Kürtlerle Çerkezlerin arabayı çekmek için kavga ettiklerini, Çerkezlerin,

— Efruz Bey bizim cinsimizdendir. Arabasını çekmek bizim hakkımızdır!. diye kamalarına davrandıklarını anlattılar. Efruz Bey öğleden beri büyük adamlara mahsus "az laf söylemek" huyunu edinmişti.

— Pekâlâ, ben üçüncü katın penceresine çıkıyorum. Bana baksınlar. Beni dinlesinler, dedi.

İsmini bilmediği samimi mukarreplerinden bir ikisiyle geri döndü. Hana girdi, merdivenleri dörder, beşer aşarak yukarı çıktı.

Üçüncü katın penceresine!

İki dakika sonra Efruz Bey pencereden göründü. Yine bir alkış tufanı koptu. Bir eli kalçasında, bir eli tek gözlüğündeydi. Kıvrık bıyıklarını yukarı kaldırarak kalabalığa bakıyordu.

Biraz gürültü gevşeyince söze başladı:

— Vatandaşlar! İçinizde bazı cahiller bana Çerkez diyorlarmış! Hayır. Ben Çerkez değilim. Ben hiçbir milletten değilim. Ben Efruz Bey'im! Ben hürüm! Ben herkesle eşitim! Siz daha hürriyeti anlamamışsınız! Hürriyet demek Kanun-u Esasi demektir! Kanun-u Esasi "bilâ tefrik-i cins ü mezhep" demektir" "bilâ tefrik-i cins ü mezhep" ne demektir? Biliyor musunuz?

— Hayır.

— Hayır, hayır!

— Bilmiyoruz! diye bağırıştılar.

— Pekâlâ. Söyleyeyim. "Hiçbir cins, hiçbir mezhep yok!" demektir.

Sessizliğin şaşkınlığından istifade eden Efruz Bey bütün kuvvetiyle hürriyet felsefesini bağırmaya başladı:

— ... İnsan "hür" olunca eşit olur. Eşit olunca kardeş olur. Din farkı, millet farkı kalmaz. Hürriyet karşısında böyle şeylerin hiç önemi yoktur. Hele "milliyet" kadar budalalık olamaz. Sakın böyle bir iddiada bulunmayınız. İnsanların hepsi hürdür. Kardeştir. Eşittir. Artık ayrılmaya mana var mı? Birbirlerinizin dilini bilmiyorsanız "esperanto"[1] dilini öğreniniz. Haydi hepiniz birleşiniz. Sevişiniz, "bilâ tefrik-i cins ü mezhep" bayrağının altına gelmeyenler müstebitlerdir. Onlar bizim düşmanlarımızdır. Bırakınız onlar mabetlerine gitsinler. Bizim cinsimiz, bizim mezhebimiz birdir: İnsanlık... Haydi öpüşünüz. Boş fikirleri, batıl itikatları vahşilere, yamyamlara bırakınız. Medeni olmaya çalışınız...

Bu nutuk biraz fazla uzadı.

Efruz Bey, evlilik, aile, milliyet, hukuk, falan gibi ne kadar toplumsal kurum varsa hepsinin birtakım batıl, cahilane münasebetsizlikler olduğunu birçok delillerle anlattı. Halkı ikna etti. Hiçbir milliyeti benimsemeyen yerli İstanbullular Rumların, Arapların, Arnavutların, Yahudilerin, Kürtlerin, Bulgarların, Ermenilerin boğazlarına atıldılar. Hepsini öpmeye başladılar. Yüz binlerce öpücüğün şapırtısından oluşan büyük bir şakırtı bütün havayı sarsıyordu.

Efruz Bey, yalnız kendi cinslerinden olduğunu inkâr ettiği ince kafalı Çerkezleri kandıramamıştı. Onlar Rum, Bulgar, Yahudi, kısacası hiçbir milleti öpmeye tenezzül etmeyerek,

— Kendi cinsini inkâr eden Çingenelerden alçaktır! diye söylene söylene Tophane tarafındaki kahvelerine döndüler. Hiçbir şey olmamış gibi yine birbirlerine kabadayılıklarını, ce-

(1) Esperanto: Polonyalı bir doktor tarafından bütün milletlerce kullanmak için hazırlanan kolay bir yapma dil.

saretlerini, doğmamış oğlak derisinden kalpaklarını, memleketteki atlarını, Kafkasya'daki eğerlerini, gümüşlü kamçılarını anlatmaya başladılar.

Efruz Bey'in arabasına "bilâ tefrik-i cins ü mezhep" bütün insanlar koşuldu.

Ta gece yarılarına kadar gösteri, nutuk, hutbe gürültüleriyle İstanbul inledi.

Boğaziçi'nden, Terkos'tan, Polonez köyünden, Çekmece'den bile meşaleli alaylar geldi.

Her tarafta,

— Yaşasın Efruz Bey! sesi yükseliyordu.

İstanbul kadınları on iki saat içinde bu muhterem kahramanın ismini bozdular.

— Afaroz Bey... yaptılar.

Bu gece sabahlara kadar her evde, ücra mahalle kahvelerinde Afaroz Bey'in hikâyesi anlatıldı. Hatta bu kahramanın padişahzadeliği de söylendi. "Sultan Murat'ın hapishaneden kaçıp ismini değiştirerek yaşamış bir şehzadesi!" dendi. Bin üçyüz yirmi dört senesi temmuzunun on birinci, on ikinci, on üçüncü gecesi doğan erkek çocukların isimleri "Efruz" yazılıp "Afaroz" okundu. Bu üç gün, bu üç gece esnasında doğan kız çocuklarının isimleri Efruz Bey'inkine son derece benzetildi, "Firuze" konuldu.

Efruz Bey'in artık "nüfuzu, iktidarı" son noktasına gelmişti. Müstebit, kendisini görmek için sarayına çağırıyor, o,

— Ben gidemem! O benim ayağıma gelsin... diye küstahça haber yolluyor; kendini gerçekten bu devrimin tek sahibi, tek sebebi, tek kahramanı sanıyordu. Etrafında yüzlerinin şekillerini, isimlerini hâlâ hatırlayamadığı birtakım mukarrepler kaynaşıyor. Asker, sivil, birçok hürriyetperverler arkasına takılıyor, arabasına koşuluyor, o ne dese bir papağan gibi tekrarlıyorlar, bir aygır gibi bağırıyorlardı.

Efruz Bey, üçüncü gününü de alkış, şapaş[1], gösteri, azil[2], nasp[3], hitap içinde.. –halkın ilahı olarak– tıpkı rüya gibi geçirdi. Gözlerinde yine bir duman vardı. Sanki sarhoştu. Hiçbir şey görmüyor, gördüklerini hatırlayamıyordu.

Gece yarısından sonra hürriyetperverler arabasını evinin önüne çektiler. Sağında solunda bandolar müthiş bir ahenkle uğulduyordu. Artık pek yorgundu. Mukarreplerini selamladı.

— Şimdi biraz istirahat edelim. Yarın erken gelirsiniz! dedi.

— Hayır, biz gitmeyiz efendim... diyen mukarreplerine sordu:

— Fakat niçin?

— Sabaha dört beş saat var! Biz burada hem mızıka çalarız, hem nutuklar veririz.

Efruz Bey bunu uygun görmedi.

— Ama.. ben uyuyamam, dedi, biraz uyuyup yarın erken kalkmalıyım?

— Pekâlâ... susalım, sizi öyle bekleyelim.

Canı sıkıldı.

— Hayır canım, diye bağırdı, gidin başka yerde gösteri yapın, beni biraz rahat bırakın..

Kahramanın öfkesinden korkan mukarrepler,

— Baş üstüne, baş üstüne! diye eğilerek, "yaşasın, yaşasın!" diye haykırarak uzaklaştılar. Efruz Bey kapıyı çaldı. Tekrar çaldı. Yine çaldı... Sonunda duyurdu. Bodrum katında uyuyan aşçı Durmuş ağız bir tarafta, burun bir tarafta, bir elinde şamdan kapıyı açtı. Annesinin hep uşak, hem aşçı diye kullandığı bu hissiz herife kızdı:

— Ulan, bu ne uyku!

---

(1) Şapaş: Alkış.

(2) Azil: Görevden alma.

(3) Nasp: Bir memurluğa atama.

Durmuş eliyle gözlerini ovuşturarak:

— Daha sabah namazı okunmadı ki... dedi.

— Sana namazı soran yok.

— Peki efendim.

— Hürriyet neye derler?

— Bilmem efendim.

— Tuh Allah belanı versin.

— ...

Şamdanı elinden aldı. Yürüdü. Kendi gibi hürriyeti getirenin evinde hâlâ onun ne olduğunu bilmeyen vardı. "Ayı..." diye mırıldandı. İki gündür dünyayı yıkan gösterilerin ne olduğunu bile merak etmemişti. Hasır döşemeli merdivenleri çıktı. Odasına gireceği zaman Despina'yı gördü. Yüzü kızarmıştı. Geziniyordu.

— Ne bekliyorsun? dedi.

— Sizi bekliyorum!.

Tatlı tatlı yüreği çarptı. Ama pek yorgundu! Parmağını kaldıracak hali yoktu. Kızın gülen şuh gözlerine dikkatle baktı. Şamdanın alevi gözbebeklerinde altın alevler parlatıyordu. Burnunu kaşıdı. Tek gözlüğünü yerleştirerek sordu:

— Annem uyuyor mu?

— Evet...

Annesiyle aynı katta yatarlardı. Odaları karşı karşıya idi.

— Dadımla öbür kızlar beni beklediğini biliyorlar mı?

— Biliyorlar.

— Yarın anneme söylemezler mi?

— Zaten hanımefendi, sizi bekleyeyim, dedi.

— Ne?

— Hanımefendi dedi.

— Annem mi?

— Evet.

Efruz bıyığını tuttu. Düşündü. Bu ne değişimdi? "Deli Saraylı" denen annesinden yılmıştı. Bu kadın son derece kıskançtı. On dört yaşından beri oğlunu hizmetçilerden kıskanırdı. "Hangi çamlar bardak oldu" dedi. İşte bu mutlaka hürriyetin tesiriydi. Demek ki annesi bu güzel Despina'yı ona oda hizmetçisi tayin etmişti. Kapıyı açtı.

— Gel bakalım, dedi.

Kız içeri girince,

— Şu gece kandilini yak! diye gerindi.

Kandil yakılırken kızın hareketlerine bakıyor, şimdiye kadar onun güzelliğine dikkat etmediğine şaşıyordu. Ah yorgun olmasaydı...

— Artık her gece beni bekleyecek misin?

— Hayır.

— Niçin?

— Bu gece iş var da...

— Ne işi?

— Size bir telgraf var. Azeleymiş. Hanımefendi "gelinceye kadar bekle. Eline ver!" dedi.

— Nerede o telgraf.

— İste...

Kızın cebinden çıkarıp uzattığı kâğıdı aldı.

— Şu mumu da dışarda söndür... dedi.

Odasında ölü gözü gibi yanan kandilinin başında yalnız kalınca telgrafı açtı. Pek merak etmiyordu. Okudu. Bir şey anlamadı:

NİŞANTAŞI'NDA KAHRAMAN-I HÜRRİYET
EFRUZ BEY KARDEŞİMİZE

Bazı mesail-i muallâka-i mühimme-i âliye-i inkılâbiye ve meşrutiyeti bera-ı tezkâr ve müzakere için Nuruosmaniye'deki muvakkat kulübümüze teşrifiniz ehemmiyetle rica olunur efendim.

İttihat ve Terakki İstanbul
Heyet-i Merkeziyesi

— Tuhaf şey! Bu ne demek? dedi... Bu cemiyet, bu kulüp nereden çıkmış?

Fakat hayretinde son derece samimiydi. İki gün evvel hürriyetperver gibi "unvan" satarken tutulduğu cereyan içinde kendini kaybetmiş, hatta bir gazete bile okumamıştı. Hemen herkesin varlığını bildiği İttihat ve Terakki Cemiyeti'nden[1] onun henüz haberi yoktu. Bu üç gün zarfında o, yalnız konuşmuş, fakat asla dinlememişti!

Etrafındakiler, arabasını çekenler, alkışlayanlar, hatta yaverleri, mukarrepleri bile onu, işte bu.. daha henüz ismini bilmediği İttihat ve Terakki Cemiyeti'ne mensup sanırlardı. Telgrafı bir kere daha okudu. Dudağını büktü, tek gözlüğünü çıkardı, düşünür gibi gözlerini ufalttı.

— Bunlar mutlaka bizimkiler olacak! Fakat benden habersiz nasıl kulüp falan açıyorlar. Ne ise... yarın görürüz! dedi.

Acele soyundu. Al pijamalarını giydi. Karyolasına uzandı. Daha gözlerini kapar kapamaz uyumaya, tatlı, doyulmaz rüyalar görmeye başladı. "Bizimkiler" diye hiç önem vermeyerek kendi hürriyetperverleri sandığı İttihatçılar ilk gün onun hareketinden, şöhretinden bir şey anlayamamışlar, fakat ertesi gün Selanik'teki merkez-i umumilerinden[2] bu Efruz Bey'in yetkisini, kim olduğunu sormuşlardı. Daha ertesi gün merkez-i umumiden gelen cevap "komitanın bu isimde bir üyesi olmadığı gibi İstanbul'da yetkili hiçbir ferdi bulunmadığına, bu Efruz Bey denilen şahsın süratle tevkif olunarak sükûnetin, asayişin tehlikeden kurtulmasına" dairdi.

Efruz Bey bu sabah pek erken uyandı. Geç yatınca erken uyanmak onun âdetiydi. Kahvaltısını yaptı. Tıraş oldu. Giyindi. Atsız arabasını çoktan kapının önüne getirmişlerdi. Kendini alkışlayanları selamladı. Bindi,

---

(1) İttihat ve Terakki Cemiyeti: 1908 Meşrutiyet inkılabına yol açan parti.

(2) Merkez-i umumi: Genel merkez.

— Kulübe çekin... dedi.

Çalmaya başlayan bandoların ağır gürültüleri içinde mukarrepler sordular:

— Bizim kulübe mi efendim?

— Sizin kulüp hangisi?

— Bizim kulüp işte...

— ?

Üç gündür en çok gözüne görünen, deniz korvet[1] kâtipliğinden vatanseverliği için kovulduğunu vakit bulup kendine anlatan genç bir mukarrep bilgiçliğini göstermek için arkadaşlarının arasından ilerledi. Arabaya yaklaştı.

— İttihat ve Terakki Cemiyeti efendim... dedi.

Efruz Bey gösteriler içinde hürriyet, eşitlik, adalet, kardeşlik kelimeleriyle işittiğini hatırladığı halde bu kelimeleri ilk defa duyuyordu. Bozuntuya vermedi.

— Evet bizim İttihat ve Terakki Cemiyeti'ne diye başını salladı.

— Alesta[2]...

— Ama çabuk.

Genç mukarrep avazı çıktığı kadar bir nara bastı:

— Yaşasın İttihat ve Terakki!

Bando gürültülerini söndüren halkın sesi bu sözü tekrarladı. Yine bir alkış tufanı koptu. Efruz Bey bir şey anlamıyor, anlamış görünerek düşünmeye lüzum görmüyordu. Her günkü alayla bayraklar, alkışlar, nutuklar, hitabeler, çiçekler, çelenkler arasında, kulüp denen yere geldi. Burası mavi soluk boyalı eski bir konaktı. Arabadan tek gözlüğünü tutarak, kurula kurula indi.

Fakat daha kapıdan girer girmez şaşırdı.

Çünkü kendini karşılayacaklar sanıyordu. Kır bıyıklı bir

(1) Korvet: Denizaltılara karşı özel olarak silahlandırılan küçük savaş gemisi.
(2) Alesta: Harekete hazır, tetikte.

adam ne istediğini sordu:

— Ben Efruz Bey'im!

— Kim olursan ol... Ne istiyorsun?

— Burası İttihat ve Terakki Cemiyeti değil mi?

— Evet.

— Git, kime lazımsa haber ver, ben geldim.

Kır bıyıklı adam, onu baştan aşağı bir süzdü.

— Pekâlâ, hele sen şuraya gir, diye onu eski kaba hasır döşeli, pis, küçük bir odaya soktu. Mukarrepleri, alay, bandoları dışarıda kalmıştı. "Yaşasın İttihat ve Terakki" naraları içinde bulunduğu odanın kirli badanalı duvarlarını sarsıyordu. Oturacak bir yer yoktu. Gezine gezine bekledi. Bir saat kadar bekledi. Alayı, bandoları uzaklaştılar. Gürültü kesildi. Artık hiddetleniyordu. Bu nasıl hareketti? Kendisine, Efruz Bey'e karşı ha... Hiddeti kabarıyor, kabarıyor topuklarının hizasına çıkıyorken kır bıyıklı herif geldi.

— Haydi bakalım... diye onun önüne takıldı. Geniş bir merdivenden çıkardı. Bir odaya soktu. Burası küçükçe bir evvel zaman salonuydu. Duvarlar nakışlıydı. Ortada yeşil örtülü büyük bir masa vardı. Bu masanın etrafında tanımadığı birkaç kişi toplanmıştı. Ne selam verdiler ne de ayağa kalktılar. Yalnız hayrete benzer bir bakışla kendisini baştan aşağı süzüyorlardı. Sabredemedi. Hiddetle, hiddetinin bütün cesaretiyle onlara:

— Siz kimsiniz? Beni ne sıfatla çağırabiliyorsunuz? diye kabardı.

....

Kendilerinin "merkez heyeti" olduğunu söyleyerek heyecanlı sorusuna hiç cevap vermeyen bu adamların en genci onu adeta sorguya çekti.

— Asıl isminiz ne?

— Efruz.

— Takma isminiz var mı?

— Var.
— Nedir?
— Ahmet...
— Babanızın ismi?
— Mustafa Tevfik...
— Sağ mı?
— Hayır, beş sene evvel öldü.
— Neciydi?
— Defterdardı. Mutasarrıflıklarda[1] gezdi.
— Nerede oturuyorsunuz.
— Nişantaşı'nda...
......

Bu, mavi gözlü, iri boylu bir adamdı. Tatlı tatlı gülümseyerek soruyordu. Efruz Bey manyetizma olmuş gibi, iradesinin haricinde bir itaatle cevaplar veriyordu. Üç gün evvelki hayatının her tarafını ona söylettiler. Sonra onun "hiçbir şeyden haberi olmadığını" sırf gösteriş, sırf gösteri, sırf satış için bu kadar gürültüye sebebiyet verdiğini anlayınca hepsi birden kahkahalarla gülüşmeye başladılar.

— Olur iş değil...
— Olur iş değil... diyorlardı.

Kendilerine bağlı tahlifli[2] bir jandarma eriyle onu hapisane-i umumiye gönderdiler.

Bu idari hapis keyfiyeti gerçi çok sürmedi. Efruz Bey yine serbest bırakıldı. Ama daha bırakılmadan "halk" denen kitle, atmasyonlarına aldanıp üç gün taptığı ilahını üç saniye içinde unutmuştu.

* * *

Foyası meydana çıktıktan sonra Efruz Bey de üç büyük gününü önemli bir bahar rüyası gibi kolaylıkla unuttu.

---

(1) Mutasarrıflık: Osmanlı İmparatorluğu'nda ilçeyle il arasındaki bölüm.
(2) Tahlifli: Yeminli.

— Acaba sahiden rüya mıydı? şüphesiyle düşünürken hiçbir şey hatırlayamaz oldu. Unuttuğu bu tatlı rüyasında kendi arabasını çeken coşkun hürriyetçilerin narasına katıldı. Atlara binmiş, elleri kırbaçlı iki hatibin, Selim Sırrı[1] ile Rıza Tevfik'in[2] peşinde günlerce koştu.

— Yaşasın, yaşasın! diye bağırmaktan sesi kısıldı. Alkıştan avuçlarının içine kan oturdu. Yaralar açıldı. Yorgunluktan hastalandı. Fakat sesinin kısıklığı, ellerinin yaraları, hastalığı... Her şey, her şey, şanlı, şöhretli, şerefli, kahramanlı günler her şey, her şey gayet parlak bir hayal şimşeği çabukluğuyla geçti. Yalnız bu nur, bu emel[3], bu hülya, bu ümit kıyametinden ona eşsiz işitilmemiş bir hatıra kaldı!

— Bu neydi? Biliyor musunuz?

— ...

— İsmiydi! İsmi...

— ...

— Asıl kendi ismi: Efruz Bey.

Vakit Gazetesi, 10.12.1919-23.12.1919

---

(1) Selim Sırrı (Tarcan): İsveç jimnastiğini yurdumuza sokan eğitimci, yazar, politikacı (1874-1957).

(2) Rıza Tevfik (Bölükbaşı): Şair, filozof ve politikacı (1869-1949).

(3) Emel: Gerçekleşmesi zamana bağlı istek.

ASİLZADELER

— Monşer[1], asalet olmazsa bu memleket batar.

— Evet, ben de bu fikirdeyim.

— Ben de bu fikirdeyim.

— Ben de.

— Ben... diye başlayıp lafını, her nedense, tamamlamayan Efruz Bey yalnız "bu fikirde" değil, hatta fazla olarak bizzat kendisi halis bir "asilzade" idi. Kökten, silsileden, anadan, babadan, ecdattan, taştan, topraktan asildi... Asalet yalnız kanında değil; etlerinde, sinirlerinde, lenflerinde, akciğerlerinde, böbreklerinde, hatta kemiklerinde, kemiklerinin içindeki iliklerinde kaynıyordu. Çaya davet ettiği bu dört asil dostuna bugüne kadar kendi asaletinden hiç bahsetmemişti. Dördünü de mektepten tanıyordu. İkisi galiba Nişantaşı'nda oturuyordu. Hepsi zengindi. İçinde en beğendiği "Azizüssücufüzzırtaf"tı. Bu, ismini kendi gibi İstanbul'da hiç kimsenin bilmediği gayet meşhur, gayet büyük bir Arap şeyhinin oğluydu. Bu şeyh bir prensten büyüktü. Hemen hemen bir krala yakındı. Azizüssücuf babasının sarayını, altın mahfeli[2] fillerini, içi cıva dolu havuzlarda yüzen ödağacından sandalları, Hint'ten, İran'dan, Turan'dan, Kafkasya'dan getirilmiş kızları anlatırken Efruz Bey kendini hayali bir Elhamra'nın[3] semavi bahçelerinde sanırdı. İşte bu, bir kral kadar büyük şeyhin oğlu tekrar,

---

(1) Monşer (Fr.): Dostum.

(2) Mahfe: Deve, fil gibi hayvanların üzerine konan, oturmaya yarayan sepet.

(3) Elhamra: Arapların İspanya'yı zaptettikleri zaman Endülüs'te kurdukları sarayın adı.

— Asalet olmazsa bu memleket batar! diyordu.

Bundan şüphe mi vardı? Bunda şüphesi olan birtakım avam güruhu, reziller, fakirler, baldırı çıplaklardı. Efruz Bey, çay fincanını küçük masanın üzerindeki tabağa koydu. Ayağa kalktı. Gözlerini büyülttü. Sağ kaşının ucunu biraz kıstı:

— Ben asil olduğum için tamamıyla bu fikirdeyim, dedi, arıların, karıncaların özetle toplu yaşayan bütün hayvanların bir beyleri var. Hayvandan başka hiçbir şey olmayan avam[1] insanların da beyleri olmalı. Olmazsa...

Dizanterici Salih Paşazade Nermin Bey lafını kesti:

— Meşrutiyet denilen hezeyan olur.

— Fakat asalet meşrutiyete zıt mıdır, Sör?[2]

Bu suali soran Müzekki Bey bıyıklarını İngilizvari tıraş ettirmiş, iriyarı, Türkçe dahil olduğu halde on üç lisanın yazılarını yazar, ama hiçbirinin kitaplarını okuyamaz bir gençti. Dünyada ne kadar futbol kulübü varsa hepsinin fahri[3] üyesiydi. Babası Sabir Paşa henüz ne sürülmüş ne de emekliye sevk edilmişti. Nermin Bey:

— Şüphesiz.

Efruz Bey:

— Zannetmem!..

Münakaşalarda kaç taraf olursa o kadar tarafa taraftar olmak sanatını bilen Kâmuran Kara Tanburin Bey de,

— Asaletle meşrutiyet birbirine hem zıttır, hem değildir! dedi.

Annesinin otuz sene evvel Mısırçarşısı'ndan alınan gelinlik takımlarıyla döşenmiş bu yarım alaturka, yarım alafranga[4] odaya Efruz Bey "salonum!" der, her perşembe öğleden iki sa-

---

(1) Avam: Halkın aşağı tabakası.

(2) Sör (İngilizce: Sir): Bey, beyefendi.

(3) Fahri: Onursal.

(4) Alafranga: Batı tarzı.

at sonra kibar, asil dostlarını kabul ederdi. Perşembe "kabul günü" idi. Evine asillerden, paşazadelerden başkasını kabul etmezdi. Kibar, zengin, asil bir aile içinde alafranga terbiye alarak büyümeyenler salonlara kabul edilmeye layık değildiler. Çünkü bunlar ne kadar yüksek mevkilere geçerlerse geçsinler, hatta mebus, milyoner bile olsalar, yine de "âdab-ı muaşeret"[1] denilen kurallara, usullere kendilerini uyduramazlar, çizgili pantolonunun altına sarı potin giymek nezaketsizliğini gösterirlerdi. Hele başlarından feslerini çıkarıp kapının yanındaki portmantoya bırakmamaları, salona, sokağa çıkar gibi fesle girmeleri tahammül olunur rezaletlerden değildi. Çayı tıpkı Şehzadebaşı'ndaki çayhanelerdeki Türklerin tavrıyla içerlerdi. Likör kadehini tutmasını, bisküvi almasını bilmezlerdi. Yemek yemesini, çay içmesini, reverans yapmasını bilmeyen insan mıydı? Halbuki bir salona ancak medeni sayılabilecek alafranga beyler girebilirdi. Efruz Bey'in çocukluğunda Galatasaray Sultanisi'nde tanıdığı arkadaşlarının hemen hepsi böyle "distenge",[2] böyle medeni idiler. Bundan dolayı bugünkü davetli arkadaşları; hepsi asildi. Bir krala yakın bir prens, diğerleri de kont, marki sayılabilirlerdi. Hepsi terzi Mir'den giyinirlerdi. Küçük parmaklarındaki uzun tırnaklarla o kadar bedi[3] bir tarzda saçlarının yanlarını, burunlarının uçlarını kaşırlardı ki... Kendilerini görüp asaletlerine hükmetmemek mümkün değildi.

Salon sahibinin ikram ettiği Havana sigaralarını içiyorlar, elleri ceplerinde, ihtiyar koltuklara uzanmışlar, asil bir dalgınlıkla münakaşalarına devam ediyorlardı dizanterici Salih Paşa'nın oğlu meşrutiyetin esaslarından biri "müsavat" oldukça "asalet" için bir hak kalmayacağını ispata çalışıyordu. Tek gözlüğünün zinciri, yaka, kol düğmeleri, yüzükleri, saat kordo-

---

(1) Adabı muaşeret: Görgü kuralları.

(2) Distenge (Fransızca: distingué): Seçkin.

(3) Bedi: Zevkli.

nu, kravat iğnesi, özetle dişlerinin kaplamalarından, potininin düğmelerini ilikleyecek alete varıncaya kadar üstünde madenden ne varsa hep altın olan Nermin Bey aşırı bir asalet taraftarı idi. İnce, sarı, narin yüzünün, belirsiz bakışlı gözlerinin öyle baygın, öyle nezih bir hali vardı ki... Buna ancak "asalet" denebilirdi. Babası çok zengindi; okuyup yazması yoktu. Bununla beraber doktordu. İlaçlarından yarım kutusu İstanbul halkınca kırk elli lira ederdi. Bu büyük adamın nereden, ne vakit geldiği pek malum değildi. Yalnız Nişantaşı'ndaki köşkü, Boğaziçi'ndeki çifte korulu yalıları, tekneleri, Beyoğlu'ndaki apartmanları biliniyordu. Hürriyetin ilanından hemen sonra kim olduğu şimdi tamamıyla unutulan bir gazeteci "Dizanterici Salih Paşa vaktiyle ne idi?" başlıklı gayet merak verici bir hikâyeye başlamış, birinci kısmını yayımlamıştı. Bu makalede otuz sene evvel Salih Paşa'nın Tunus'ta dilencilik ettiği, İstanbul'da önce falcılığa girişerek sonra dizanteriye ilaç vermeye başladığı, dizanteri ilacı sayesinde saraya mensup bir akağasıyla[1] bir haremağasının yirmi beş senelik memelerini iyi ettiği, mahareti duyulunca saraya alınıp o günden itibaren dizanteri tedavisine siyaset karıştırdığı açıklanıyordu. Ertesi gün herkes makalenin devamını bekledi. Fakat bu devamı çıkmadı. Salih Paşa birkaç kutu ilaç bahanesiyle bu gazetecinin ağzını kapatmış, o da yapacağı münasebetsiz tarihçilikten vazgeçmişti. Daha sonra diğer serseri gazeteciler de Salih Paşa'yla ilgili yazılar uydurup şantajlar[2] yapmaya başlamışlardı.

Paşanın davası hepsini mahkemeye sürükledi. Hakikati ayrıntılarıyla bilmedikleri için mahkûm oldular. Tabii sustular.

Müzekki Bey,

— Asalet için ilk gerekli olan şey meşrutiyettir! dedi. İşte

---

(1) Akağası: Eskiden saraylarda hizmet gören hadımağalarının beyaz tenli olanı.

(2) Şantaj: Çıkar sağlamak için bir kimseyi kendisiyle ilgili lekeleyici, gözden düşürücü bir haberi açıklama ve yayma tehdidiyle korkutma.

size İngiltere büyük bir örnek. Meşrutiyet sayesinde İngiltere, nüfusu üç yüz milyona yakın Hindistan'a hâkimdir. Daha hesaba gelmez binlerce sömürgeye hâkimdir. Demek bir kere meşrutiyet sayesinde İngiltere, Hindistan'ın, Mısır'ın, daha birçok yerlerin efendisi olmuş, dünyanın en yüksek "asalet" mevkiini almıştır. Asıl İngiltere'ye gelince meşrutiyet sayesinde orada her şey asillerin, lordların elinde demektir. Hatta arazi bile... İskoçya, İrlanda, Britanya, özetle bütün İngiltere birkaç bin lordun malikânesi demektir. Halk arasında zekâsıyla, dehâsıyla hükümette yükselenler yeni baştan lord olurlar. Asalet kazanırlar. Sonra yüksek mevkilere geçerler. Eğer İngiltere'de meşrutiyet olmasaydı, iki yüz elli seneden beri "avam" denilen herifler ayağa kalkar, lordların canına okurlardı.

....

Müzekki Bey eski devirde olduğu gibi yeni devirde de babasının daima ikbal[1] mevkiinden inmeyeceğini bilirdi. Her şey gibi meşrutiyet anlayışını da değiştiriyor, adeta bu tarzın istibdattan daha müthiş bir idare olduğunu zannettirecek tarihi örnekler getiriyordu. Babası İngiliz taraftarıydı. Elçilik tercümanı her hafta evlerine gelir, siyasetin yeni safhalarından onlara bilgiler verirdi. Aslında Müzekki Bey İngiltere'yi vatanından çok severdi. Bunu hiç saklamaya lüzum görmez, herkese çekinmeden,

— Biz İngilizler sayesinde yaşıyoruz, derdi, yoksa ne Abdülhamit[2] bizi rahat bırakırdı ne de İttihatçılar çetesi... Başımız sıkıya geldi mi hemen onlara koşacağız. Tabii onları severiz.

Efruz Bey'in en hoşuna giden onun bu haliydi.

— Ne karakter, ne karakter! Sanki anadan doğma bir İngiliz... derdi. Fakat Azizüssücuf Müzekki'den pek hazzetmez,

— Yalnız kendini asil zannediyor, diye omuz silkerdi.

(1) İkbal: (Metinde) Yüksek bir makama, duruma erişme.

(2) Abdülhamit: İkinci Abdülhamit (1842-1918).

Misafirlerinin asalet, meşrutiyet tartışmasını dinleyen Efruz Bey meşrutiyete hiç önem vermiyor, hep asalete ait sözlere dikkat ediyordu. Otuz Bir Mart inkılabından sonra onun ruhunda da birden derin bir inkılap tutuşmuş, yine birden sönmüştü. Böyle politika gürültülerinin, şakşakların, adilik, cahillik olduğunu anlamıştı. Şimdi ne meşrutiyet taraftarıydı, ne de istibdat.

Ben kibarım, ben asilim. Böyle şeylerle uğraşmak bana yakışmaz! diyordu.

Kahramanlıklarını, verdiği nutuklarını, gösterilerini mevkilerini –hiç olmamış gibi– unuttu. O kadar unuttu ki memlekette siyasi bir değişim olup olmadığının bile farkında değildi. Hep Beyoğlu'nda geziyor, Tokatlıyan'da arkadaşlarıyla buluşuyor, şık, mükemmel, temiz bir hayat geçiriyor, yeni metreslerden, son âşıklardan dem vuruyordu.

Politika avama, adi adamlara mahsustu.

Bu adi, bu ne oldukları belirsiz adamlar birbirleriyle boğazlaşa boğazlaşa nihayet didinmelerinden vazgeçecekler, memleketi idare etmek için mutlaka bir gün asilleri çağıracaklar, "Gelin! Bize emredin..." diye yalvaracaklardı.

Rusya'da çarın meclisindeki üyeler, senatörler hep asildi. Almanya'da asil olmayan bir süvari subayı bile olamazdı. İşte meşrutiyet ilan olunalı hemen hemen iki sene oluyordu. Hâlâ Türkiye uyanmamıştı. Hâlâ asiller aranmıyordu. Hâlâ "bizim köylümüz arazi sahibidir. Anadolu'da hiç arazisiz esir yoktur. Esir olmayınca tabii arazisiz asil de olmaz," diye mantık yapılıyordu.

Kendisi, dostları asil değil de ne idiler?..

Beyoğlu arkadaşlarından bir Yusuf Pinko vardı ki, halis muhlis asil bir prens, hatta bir kraldı. Arnavutluk'taki çatısız şatosunda hâlâ dedesi Büyük İskender'den kalma heybeler, çuvallar bulunduğunu görenler söylüyorlardı. Hele şu Azizüssücufüzzırtaf... Bir prensliğe, bir krallığa değil, hatta bir imparatorluğa layıktı. İsmindeki o tarihsellik, o eskilik ne ahenkli, ne derin, ne yüceydi!.. Onu daha küçükken, Galatasaray'ın ilk sınıflarından tanıyordu. Asaletten, tarihi kıdemden anlamayan Türkler onunla alay ederlerdi. Sonra Abülhüda Efendi Hazretleri tarafından bu kadar asil bir prensin, ne olduğunu belirsizler içinde bulunması uygun görülmemişti. Mektepten çıkartıldı. Özel öğretmenler tutuldu. Mabeyne alındı. İstanbullu çocuklar onun hakkında bin türlü iftira uydurmuşlardı. Sözde Aziz bir köle imiş. Efendisi Avrupa'ya gideceği için onu yatılı olarak mektebe koymuş. Avrupa'dan gelmeyip Jön Türklere karıştığı mabeyinde işitilince emlakına el konmuş. Bu yağma sırasında küçük köle Aziz de Ebülhüda Efendi hazretlerine düşmüş...

Efruz Bey bu yalanların hiçbirisine inanmazdı.

— Meşrutiyet falan laflarını bırakalım, dedi. Böyle adi şeyler konuşmak bize yakışmaz. Madem ki biz asiliz. Düşüncelerimiz de, sohbetlerimiz de asilce olmalı.

— Evet.

— Evet.

— Evet, evet, dediler.

Hepsi bu fikirdeydi. Efruz Bey ayağa kalktı. Ellerini pantolonunun ceplerine soktu. Ayaklarını biraz açtı. Güzel laf söyleyeceği zaman daima bu vaziyeti alırdı.

— Bu memlekette asalete o kadar önem verilmiyor. Niçin? Buna hepiniz cevap veriniz.

Azizüssücufüzzırtaf:

— Millet bozulmuş da ondan...

Nermin Bey:

— Meşrutiyet sebebinden.

Müzekki Bey:

— Meşrutiyet daha iyice anlaşılmadığından!

Kara Tanburin Bey de,

— Henüz mükemmel tarih, hukuk kitapları yazılmadığından! dedi.

Efruz Bey başını salladı. Hayır... Bunlar ciddi sebepler değildi. Asıl sebebi, hiçbiri bulamıyordu. Gerçi asildiler. Fakat asaletin manevi, toplumsal içeriğini bilmiyorlardı.

— Bakınız, ben bu sebebi size söyleyeyim. Biz asil olduğumuz halde ismimize önem vermiyoruz. Atalarımızın namlarını taşımıyoruz. Asalet unvanları kullanmıyoruz. Biz kendi kendimizi tanımazsak halk bizi tanır mı?

— Doğru.

— Evet, doğru.

— Hakikaten doğru.

— Hakikaten çok doğru...

Efruz Bey en doğru sebebi bulabildiği için sevindi. Gözleri parladı.

Tek gözlüğü düşecekti. Hızla cebinden çıkardığı eliyle bu mühim aleti tuttu:

— Önce kendimizi, sonra birbirimizi bilelim. Birbirimize unvanlarımızla hitap edelim. Toplanalım. Birleşelim. Kuvvetlenelim. Birleşmekten kuvvet doğar!

— Şüphesiz.

— Evet, şüphesiz.

— Evet, kuşkusuz şüphesiz.

— Evet, katiyyen kuşkusuz, şüphesiz...

Efruz Bey'i tasdik ederken misafirlerin dördü de sarî[1], mihanikî[2] yeni bir hareketle ayağa kalkmıştı. Ortadaki fes rengi ipek örtülü yuvarlak masanın başına toplandılar. Mühim bir görüşmenin önsözünü hisseden Efruz Bey,

— Altımıza birer sandalye çekelim! dedi.

(1) Sari: Bulaşıcı.

(2) Mihaniki: Makine gibi, otomatik, mekanik.

Hepsi birer sandalye aldı.

Oturdular. Dirseklerini masanın kenarına dayadılar. Konuşmak için bir ruhu çağıran spritizmacılar[1] gibi ciddi oturuyorlardı.

Efruz Bey,

— Önce kendimizi biliyor muyuz bakalım! dedi.

İçlerinden "kendisini bilmeyen" çıkmadı. Hepsi prensti. Hepsi silsilelerini, cetlerini, tarihlerini tanıyorlardı. Müzekki Bey bundan altı yüz sene evvel birinci Sultan Osman'a Britanya adasından sefaretle gönderilen ceddini, İngiltere'de eski atalarını bile tanıyor, su gibi ezberden sayıyordu. Sultan Osman'ın yanına gelen "Lord Conson Sgovat" ismindeki ceddi tam iki bin senelik bir ailenin son goncasıydı. O vakit "devletler hukuku" kurallarını hükümetin dışişleri bakanlığı kabul etmediğinden, sultan çok beğendiği lordu tekrar memleketine göndermemiş ve... gözlerinin önünde çatır çatır sünnet ettirerek Müslüman yapmıştı. Dinsel olarak hidayete erdirilen[2] bu adama maalesef tarihin ismini söylemediği bir prenses, Prens Orhan'ın küçük süt kardeşi verilmişse de Britanya hükümeti bu lütfu bir tecavüz saymıştı. Türkiye'ye hemen ilanı harp etti. O vakit Osmanlıların daha hiç sahili yoktu. İngilizler, Türklerin sahile inmelerini belki yarım asır beklediler. Nihayet sahile gelen Türklerin donanmaları yoktu. Donanma tesis etmelerini yüz elli sene beklediler. Sonra bir gün Edremit önünde ilk rast geldikleri bir Türk yelkenlisini batırdılar. İçindeki Rum balıkçıları esir aldılar. Bu iki yüz senelik harp halinden bugünkü tarihler gibi o zamanki hükümet adamlarının da haberleri yoktu. İngiltere intikamını almış farz etti. Kendi kendine, tek başına bir barış yaparak antlaşmayı Rodos açıklarında yine tek başına imzaladı. Bu antlaşmanın aslı şimdi kralın kütüphane-

---

(1) Spritizmacı: Ruhlarla ilişki kurduğunu iddia eden kişi.

(2) Hidayete erdirmek: Müslüman yapmak.

sinde saklıydı. Dünyada yegâne, tek bir devlet tarafından, tek başına yapılmış bir antlaşma olduğu için tarih nazarında baha biçilmez derecede bir belgedir. Lorda, Türkler, önce "Damat Con Paşa" demişlerse de "Con" kelimesinden bir anlam çıkaramayan halk bunu "Civan Paşa" olarak değiştirmiştir.

Müzekki Bey,

— İşte, dedi, onun için bizim ailemize "Civanzadeler" denir.

Efruz Bey sordu:

— Niçin bu kadar eski, bu kadar asil ailenizin ismini taşımıyorsunuz?

Müzekki Bey başını sallayarak,

— İki sebepten! dedi. "Civanzadeler" desem "Razakizade" gibi pek karagözvari oluyor. Çok alaturka[1] bir isim. Sonra kendime "Müzekki Civan", yahut "Civan Müzekki" desem bıyıklarımı tıraş ettiğim için halk bundan kötü bir lakap anlamı çıkarıp aile ismim olduğunu anlamayacak.

Kâmuran Kara Tanburin Bey,

— "Müzekki dö Civan" deyiniz.

Ezzırtaf:

— Evet, mesela "Marki Müzekki dö Civan..." dedi.

Müzekki Bey,

— Fakat azizim, marki diyorsunuz. Halbuki ben prensim, diye reddetti.

Nermin Bey itiraz etti:

— Nasıl prens oluyorsunuz? Ceddiniz lord imiş! Hiç hükümdarlık etmemiş.

— Hayır. Prensim! Ceddim lord damat Con Paşa, sonradan pek büyük bir imparator olan Orhan'ın süt kardeşini almış. Orhan ilk zaptettiği eyalete ceddimi hükümdar yapmış.

— Bundan emin misiniz?

---

(1) Alaturka: Eski Türk gelenek, görenek ve âdetine uygun.

— Ben söylemiyorum azizim, tarih söylüyor.

Efruz Bey,

— O halde mükemmel bir prenssiniz! Hatta biraz daha çalışsanız ceddinizin eyaletini bile elde edebilirsiniz, dedi.

Müzekki dö Civan'a prens unvanı verilince Kâmuran Bey aslını, ecdadını[1] anlatmak için acele etti. Bu bey Rusya'nın Orenburg beldesindendi. Babası orada küçük bir köyün mescidinde müezzinlik eder, civardaki açlıktan ölen ilerlemiş medeni Tatarcıkları yıkar, kefenler, gömer, böylece geçinip giderdi. Babası bir gün açlıktan ölünce öksüz kalan Kâmuran'ı, yedinci defa Hicaz'a gitmek üzere olan katmerli bir hacı yanına hizmetçi gibi aldı.

Bu adam da, İstanbul'da Türk hacılarına otel olan selâtin camileri[2] avlularından birinde mermerlerin, poyrazın tesiriyle hastalandı. Altı defa tahammül ettiği bu seyahat hayatına bu sefer dayanamadı. Öldü. Cennete gitti. Kâmuran'ın o vakit ismi "Cihanyan" idi. Küçük Cihanyan aç kalınca dilenmeye başladı. Sonra onu zabıta bir şüphe üzerine tuttu. Darülaceze'ye[3] koydu. Küçük Cihanyan gayet zekiydi. Tatar olduğuna inanılmayacak derecede güzeldi. Orada bir kâtip, haline acıdı. Darüşşafaka'ya[4] naklettirdi. Orada bir öğretmen, zekâsına hayran oldu. Parasız olarak Galatasaray'a geçirtti. Galatasaray'a gelirken Cihanyan kendi ismini değiştirdi. "Kâmuran" yaptı. O zamandan beri zekâsı sayesinde her şeyi buluyordu. Bilhassa ne lazım olan iki şeyi: Para, iltimas...

— Ben Kara Tanburin ailesindenim! dedi, fakat Prens Müzekki dö Civan gibi cetlerimi birer birer sayamam.

Efruz Bey sordu:

---

(1) Ecdad: Dedeler, atalar.

(2) Selâtin camii: Padişahlar adına yaptırılan büyük cami.

(3) Darülaceze: Düşkünler yurdu. 19. yüzyıl sonlarında İstanbul'da kurulmuştur.

(4) Darüşşafaka: 19. yüzyıl sonlarında İstanbul'da öksüz ve yetimler için kurulmuş yatılı okul.

— İsimlerini bilmiyor musunuz?

— Biliyorum.

— O halde?

— Fakat o kadar çok ki... Saymak mümkün değil!

— Demek son derece eski?

— Son derece! On bin sene önce...

Efruz Bey tekrar sordu:

— Bundan on bin sene evvel mi?

— Hayır.

— Hicretten mi?

— Hayır.

— Milattan mı?

— Hayır.

— Tufandan mı?

— Hayır.

Başka tarihi bir başlangıç tanımayan Prens dö Civan hayretle,

— Ya neden? dedi.

— Yaradılıştan!

— Yaradılıştan mı?

— Evet, yaradılıştan on bin sene evvel ilk ceddim nurdan bir sütun içinde "Kutlu Yeşim Dağı" üzerine inmişti. Yeşil, alacalı bir geyik oralarda geziniyor, arkasına düşen çapkın bir bozkurt onu kovalıyordu. Ceddim Kara Gök Kaan bu kurdu öldürdü. Geyiği tuttu. Nur sütunu ile gökten indi ineli ağzına bir şey koymamıştı. Karnı zil çalıyordu. İlahi bir içgüdü ile geyiğin memelerine sarıldı. O saatte bu memelerden mavi bir süt gelmeye başladı. Ceddimin karnı doydu. Dünya üzerinde bir kendi, bir de bu alageyik vardı. Gezmek için bu alageyiğin üzerine biner, geceleyin üstünde yatar, acıkınca sütünü emerdi. Yavaş yavaş ilahi, nâsûtî[1] her ihtiyacını bu geyikle karşılamaya

(1) Nâsûtî: Dünya ve insanlıkla ilgili.

başladı. Nihayet geyik gebe kaldı. Dokuz ay on gün sonra sabahleyin beş, öğleye doğru üç, akşam üstü bir tane olmak üzere üç defada dokuz Kaanzade doğurdu. Dikkat ediniz. Beş, üç, bir, dokuz! Bu dört sayı işte bunun için bütün insanlarca mukaddestir! Fakat bu prenslerin hepsi boynuzluydu. Ceddim sekizinin boynuzunu kırdı. Yalnız bir tanesini boynuzlu bıraktı. Boynuzları kırılan prensler hemen öldüler. Tek kalan boynuzlu yaşadı. Babasından kendine miras kalan alageyik ile birleşti. Evlatlarının ötesini berisini kırmadığı için hanedan çoğaldı. Hükümet teşkil etti. Bu aileye "Kara Tanburin" denir ki, bütün Şark kavimlerince mukaddestir. Oğuzlar, Cengizler. Hülagûlar, Timurlar, Selçuklar, özetle ne kadar Doğu hükümdarları varsa hep Kara Tanburin ailesinin aylıklı uşağı seviyesindeydi. Henüz Türk Tarihi Türkçe olarak yazılmadığı için bunları tabii bilemezsiniz!

— O halde siz de prenssiniz?

Kara Tanburin Bey güldü:

— Eğer tenezzül edersem, düşünürüz.

— ...

Hepsi düşünüyorlardı. Kâmuran padişahlardan, imparatorlardan büyüktü, semavi[1] bir aileye mensuptu. Allah'ın torunlarından biriydi.

Nermin Bey sessizliği bozdu:

— Bu semavi aileye mensup başka prensler var mıdır?

— Hayır, yoktur. Gerçi Rusya'dan bir iki kişi biz de "Kara Tanburin ailesindeniz!" iddiasında bulunmuşlardı. Fakat yalanları meydana çıktı.

— Sizin kardeşleriniz, akrabalarınız yok mudur?

— Hayır, kimsem yoktur.

Efruz Bey dayanamadı:

— Fakat evlenseniz... Kazara hayatınıza bir şey olursa tan-

(1) Semavi: Gökle ilgili, Tanrısal.

rısal, ilahi bir aile kaybolacak.

Diğerleri de ilave ettiler:

— Bu kadar eski, semavi bir aile olmazsa etrafında toplanılacak bir asalet kâbesi kalmayacak. Netice olarak asalet bitecek.

— İhtimal bu semavi ailenin yok olmasıyla beraber kıyamet kopacak.

— ...

— ...

Kâmuran hepsini ikna etti:

— Merak etmeyiniz, dedi. Ben kırk yaşına gelince evleneceğim. Bir erkek çocuğum olunca hemen kendimi iğdiş yaptıracağım.[1]

— O niçin? diye sordular.

— Kıymetin bir hikmeti de azlıktadır. Ben Kara Tanburin ailesinin çoğalmamasını isterim. Daima bu aileden bir kişi bulunmalı. Evladıma da bu prensibi öğreteceğim. Ancak, ancak... ancak o zaman...

....

İğdişliğe kadar varan bu büyük fedakârlığın ulviyeti karşısında kendilerinden geçiyorlardı.

Efruz Bey,

— Size bir unvan bulmak mümkün değil! dedi.

— Evet.

— Evet.

Hepsi onayladı. Prens, kral, imparator... Bunlar nihayet dünyevi şeylerdi. Nermin Bey,

— Eğer kabul ederseniz size Semavi Prens! diyelim, teklifinde bulundu.

— Başka kimseye bu unvan verilmemek şartıyla.

— Elbet.

---

(1) İğdiş yaptırmak: Erkeklik görevini yapamayacak duruma getirmek.

— Elbette...

Prens Eternel[1] dö Kara Tanburin!..

Hepsi bu muhteşem ismi tekrarladılar. Prens Eternel'in badem gözleri hazdan parlıyor, yüzü daha çok aylaşıyordu. İşte nihayet bir prens olarak kabul olunuyor, ismi kesinlik kazanıyor, onaylanıyordu, o, efendisi hacının cami avlusundaki mermerler üzerinde öldüğü dakikadan beri tuhaf bir psikoloji ile, dilenmek için elini uzattığı İstanbul Türklerinden kendini çok yüksek görürdü. Dilenirken bile onlara hakaretle bakardı. Darülâceze'de, Darüşşafaka'da kendine, kendi kendine özel bir önem vermiş, çevresine bu kuruntuyu önemle dayatmıştı. Son derece mağrur, son derece kibirli idi. Kendisiyle konuşanlar, karşısında gayri ihtiyari bir hürmet duyarlar, kendilerini gayet büyük bir adam huzurunda sanırlardı. Hiçbir belli fikri yoktu. Bugün pantürkist,[2] yarın politürkist...[3] döner dururdu. Edebiyat, ilim âleminde de –hiçbir eseri olmadığı halde– sırf gösteriş, sırf satış sayesinde kendini tanıtmıştı. Bakanları ziyaret eder, siyasi partilerin hepsiyle eşit derecede ilişkide bulunur, hepsine kendilerinden tarafa imiş hissini verirdi. Hem Yunan hükümetinin, hem Türkiye'nin pençesinden kolaylıkla kurtulan Kefalonyalı Rum kasa hırsızları gibi iki pasaportu vardı. Rus elçiliği onu Rus tebaası tanır; bizim, siyasi düşünmek eziyetine katlanamayan zavallı nüfus memurlarımız ona "Osmanlı tabiyetini haiz Müslim" diye nüfus kâğıdı verirler, yol tezkeresi doldururlardı. İstanbul'un Ruslar tarafından alınacağına iki kere iki dört eder kadar emindi. Onun için Rus pasaportuna, Rus elçiliğinin ilgisine önem verir, Türk bakanlarının kendine teklif

(1) Prens Eternel: Tanrısal prens.

(2) Pantürkist: Osmanlı İmparatorluğu'nun son yıllarında Türklük duygusunu savunanlara verilen ad.

(3) Politürkist: Her ırktan olanların Türklük duygusunda toplanabileceğine inanan kimse.

ettiklerini söylediği mevkileri –geçici olduğu için– kabul etmek budalalığında bulunmazdı! Her sabah başka bir fikirle uyanır, öğleye kadar birkaç defa bu fikri değiştirir, fakat her gün, her dakika, her saniye yalnız "asaleti" hususunda sabit kalırdı. Bu asalet tamamıyla Efruz Bey'i tanıyor, arkadaşlarının çevresine giriyordu. İstanbul'da bütün edebiyata intisap[1] iddia eden kadınlarla, vezir torunları, paşa akrabaları, ne kadar "Biz asiliz efendim!" iddiasında bulunan hanımefendi varsa hepsiyle dosttu. Onları ziyaret eder! Siyasi dedikodulardan, son ekonomik dalaverelerden gayet alaycı bahsederdi.

Özetle tam bir salon adamıydı.

— Yirmi sekiz yaşındayım! derdi.

Ablak çehresi o kadar sakin, o kadar ciddi idi ki, yalan mı, samimi mi söylüyor anlaşılamazdı. Herkese her zaman, her fırsatta ailesinin, Kara Tanburin kökünün eskiliğini anlatır, iftihar ederdi.

Nermin Bey, asaleti kadar hakikati de severdi. Altın tabakasından çıkardığı bir sigarayı altın ağızlığına taktı. Altın kibritliğinden bir kibrit aldı, çaktı. Sigarasını tutuşturdu. Sonra altın kibritliği cebine koyan eliyle altın saatini çıkardı. Baktı,

— Dostlarım! Gecikmişiz, saat beş! dedi, fakat benim tarihi hikâyem yok. Hem ben prens olamam. Çünkü cetlerimden birisinin hükümdarlık ettiğini bilmiyorum.

— Bununla beraber asilsiniz.

— Şüphe yok. Fakat prens değilim. Belki bir marki, bir kont...

— Marki, marki...

— Evet, marki.

Nermin Bey:

— Pekâlâ, marki olabilirim. Cetlerim hep hükümdarların dizanterilerini iyi etmişlerdir. Dizanterinin sırrı ta Lokman He-

(1) İntisap: Bağlanma, girme.

kim'den beri bizim ailemizin malıdır. Sizin kadar asil değilsem de hepinizden zenginim.

Bu iddia biraz Efruz Bey'e dokundu:

— Hepimizden zengin olduğunuzu söylemek biraz ciddi değil... Gerçi ben çok iktisat yaparım. Fakat ne kadar gelirim olduğunu biliyor musunuz?

— Hayır.

— O halde kendinizi hepimizden zengin kabul etmeniz uygun değildir.

Kıvırcık saçlarının arasına koyu renkli parmaklarını sokmaya çalışan Azizüssücufüzzırtaf onayladı:

— Efruz Bey, ben sizin servetinizi biliyorum. Siz gizli milyonersiniz.

Efruz Bey bunun üzerine gelirlerini, çiftliklerini saymaktan vazgeçti. Azizüssücuf'a gayri ihtiyari minnettarlığını göstermek ihtiyacını duydu:

— Azizim Prens Zırtaf, siz cidden asilsiniz! dedi, evet siz halis prenssiniz. Bize kendinizi tanıtınız. Fakat rica ederim mütevazı olmayınız.

....

Zırtaf'ın gözleri parladı. Bu, gerçekte kaşarlanmış bir serseri, gayet usta bir şantajcıydı. İttihad-ı İslam'la Arap imparatorluğu mefkûrelerinin[1] ikisini de aynı oranda benimsemişti. Gördüğü oldukça iyi tahsile rağmen ilkel bir zihniyetle dünyadaki insanları "İslam, Hıristiyan" diye iki basit kısma ayırır, ne kadar İslam varsa hepsine Arap nazarıyla bakardı. Ebülhüda'nın yetiştirmesiydi. Eskiden mabeyne nasıl girip çıkarsa, şimdi de, Babıâliye, sadarete,[2] özel kuruluşlara, hayır kurumlarına, edebiyat kulüplerine, siyasi örgütlere öyle girip çıkardı. Gayet şıktı. Beyoğlu'nda birinci sınıf bir apartmanda yaşıyor;

(1) İttihad-ı İslam mefkûresi: İslam birliği ülküsü.

(2) Sadaret: Başbakanlık.

kumarda, eğlencede harcadığı paraların kaynağını kimse değil, hatta kendi bile bilmiyordu.

— Benim ailem, İslamiyet sayesinde Kureyşler[1] iktidarı elde ettiğinden beri siyasi savaşına devam eden minimini, gizli bir kabileciktir. İddiası bütün Araplardan büyük bir imparatorluk kurup, Afrika ile beraber Asya'yı, Çin, Hindistan, Türkistan, Malezya, Türkiye dahil olduğu halde tamamen Araplaştırarak tekrar Cebelüttarık'ı[2] geçmek İspanya'yı, Fransa'yı, Almanya'yı, Avusturya'yı, İtalya'yı, özetle bütün Avrupa'yı ezerek İngiltere ile Amerika'yı zaptetmektir. Ceddimiz Kays'üssücufüzzırtaf'tır.

Müzekki Bey, zihninde birden uyanan geçmişin sesini hatırlayarak,

— Zannedersem Zırtaf değil, Zırt... dedi.

— Hayır efendim, Zırtaf... Siz mektepte çocukların bana "Hacı Zırt" dediklerini hatırlıyor, ihtimal diğer ilişkiler gibi bu mektep lakabını bozarak kendime aile ismi yaptım sanıyorsunuz. Hayır, yanılıyorsunuz. Benim ceddim Kaysüssücufüzzırtaf'tır!.. Bu ismin bütün Araplar indinde meşhur bir hikâyesi vardır. Bu hikâye binlerce âşıkane şiire konu olmuş, hatta muallekata[3] bile asılmıştı.

Efruz Bey,

— Rica ederim, şu şairane hikâyeyi anlatınız, dedi.

— Peki anlatayım. Hicretten binlerce sene evvel ceddim Kaysüssücufüzzırtaf on buçuk yaşında bir çocuktu. Daha kimse onun büyük bir şeyh, büyük bir hükümdar, büyük bir cihangir olacağını bilmiyordu. Zayıftı, sıskaydı. Biraz, biraz değil, epeyce karnı şişti. Çenesinin altında bir davul gibi kabarıyor-

(1) Kureyş: Hz. Muhammed'in mensup olduğu Arap kabilesi.

(2) Cebelüttarık: Cebelitarık Boğazı. Avrupa ve Afrika'yı birbirine bağlayan deniz yolu.

(3) Muallekat: İslam öncesi Arap şairlerinin beğenilerek Kâbe duvarına asılmış ünlü kasideleri.

du. Bu esnada kabilesi, civardaki kabileler üzerine savaş yapmış, sayısız ganimetler yağma etmişti. Bu ganimetler vahada denk denk birbiri üstüne yığılmıştı. Çoğu setrelerden,[1] kumaşlardan ibaretti. Gece bütün kabile halkı uyurken atam uyumuyor, ileride yapacağı cihatları düşünerek yığının dibinde geziniyordu. O, böyle küçük çapta savaşlara tenezzül etmeyecek, Doğu'yu Batı'yı birleştirecek, yani dünya durdukça yeryüzüne hâkim olacaktı. Tam bu sırada dehşetli bir fırtına çıktı. Ganimet yığınları devrildi. Ceddim bunların altında kalıp ezilince karnındaki gazlar o kadar şiddetle çıktı ki... Havan topu gibi, patlayan bir ses ile bütün kabile halkı uyandı. Ganimetlerin yanına koştular. Denkleri kaldırdılar; altından küçük kahraman Kays'ı çıkardılar. Zaman geçti. Bu Kays büyüyüp bütün Arabistan'a hâkim olunca bu olay da kendi kadar şöhret kazandı. Arapça sücuf "secf"in çoğulundan, setreler, örtüler demektir. İşte örtü, gömler denkleri tazyikiyle ceddimin karnından çıkan bu ses "Sücufüzzırtaf" diye önce kendine, sonra ailesine, ondan sonra beş yüz bin sene var ki, hanedanıma bayrak olmuştur.

Efruz Bey,

— Oh, ne romantik menkıbe![2] dedi. Prens Eternel Kâmuran dö Kara Tanburin şiirle de uğraştığı için bunu pek şairane buldu:

— Eşsiz bir tablo... Düşününüz. Çölde bir vaha. Tüyleri dökülmüş kalmış yelpazeler halinde sakin, nazenin duran hurma ağaçları... Saf, dingin dumansız, lekesiz, yıldızsız bir gökyüzü... susuz bir kuyunun başında ince devedikeni fidanları arasında kurulmuş çergeler...[3] Herkes uyuyor. Hurmalar, gök-

---

(1) Setre: Düz yakalı, önü ilikli bir tür ceket.

(2) Menkıbe: Din büyüklerinin veya tarihe geçmiş ünlü kimselerin yaşamları ve olağanüstü davranışlarıyla ilgili hikâye.

(3) Çerge: Derme çatma çadır.

yüzü, devedikenleri; herkes, her şey uyuyor. Yalnız kahraman Kays uyanık! Ganimetlerin dibinde, birden rüzgârla denkler yıkılıyor. Müthiş bir ses, bütün bu sakin ufku dolduruyor. Zırrrrt... diye! Herkes uyanıyor, koşuyor, denklerin altından birkaç sene sonra tamamıyla dünyaya hâkim olup Zühal,[1] Utarit,[2] Zühre[3] gibi gezegenleri de zapt için projeler yapan cihangiri çıkarıyorlar... Dünyada bundan nefis bir trajedi, bir destan, hatta bir opera konusu olamaz.

Olayın şiiri, tabiatı, hepsini ele geçirmişti. Zırtafın tarihine bu olay ile başlanmasını uygun buluyorlar, oğuldan evlada, evlattan toruna uzayıp gelen bu büyük kahramanlık tarihinden bir destan, bir opera yapılınca besteleyecek bestekâra giriş olarak ne nefis, ne doğal bir ses hazır olduğunu söylüyorlar, bu doğal sesten ilahi bir melodi çıkarmak için bir Verdi, bir Wagner, bir Beethoven doğmasını temenni ediyorlardı. Prens Azizüssücufüzzırtaf ceddinin daha birçok hikâyelerini anlattı. Artık hava kararıyordu. Nermin Bey,

— Asaletmeaplar! dedi, vakit geçti, artık dağılsak...

....

Fakat Efruz Bey kendi asaletini, kendi cetlerini anlatamamıştı. Saat altıyı geçiyordu. Bu beş asil genç birbirlerinden ayrılamadılar. Hemen oracıkta aceleyle "Asiller Serkli"[4] adıyla bir kulüp kurmaya karar verdiler. Oraya bütün asiller toplanacaklar, Doğu'da, Batı'da olduğu gibi asaletin hakkını arayacaklar, milletlerin idaresini ellerine alacaklar, avamı –asillerin iddiasızlığından fırsat bularak– sıçradıkları yüksek mevkilerden indirecekler, layık oldukları kovuğa sokacaklardı. Ayrılırken ev sahibinin ellerini samimiyetle sıktılar.

---

(1) Zühal: Satürn.

(2) Utarit: Merkür.

(3) Zühre: Venüs.

(4) Serkl: Dernek, kulüp.

— Yarın Perapalas'ta...[1] diyorlardı.

Orada bir odada toplanacaklar, tüzüklerini, giriş şartlarını, unvan, derece meselelerini görüşeceklerdi. Ev sahibi ta kapıya kadar misafirlerini geçiriyordu. Prens Zırtaf,

— Efruz Bey, sizinle bir dakika yalnız kalmak isterim, dedi.

— Emredersiniz prens... Emrini yapmaya hazırım, cevabını veren Efruz Bey, misafirlerinin arkasından kapıyı kapadıktan sonra Prens Zırtaf'la kapının sağındaki salona döndü.

— Buyrunuz efendim?..

— ...

Prens sıkılıyor, ellerini ovuşturuyordu. Gayrete geldi. İnce, parlak ayakkabılarının narin uçlarına bakarak,

— Portmonemi[2] düşürmüşüm! dedi.

Efruz Bey çok zengin olduğu için para meselelerine önem vermeyi asalete karşıt görürdü:

— Ne zararı var efendim?

— Sizden yarın akşam vermek üzere küçük bir meblağ isteyeceğim.

— ...

Zırtaf, Efruz Bey'in doğru bir mazeret uydurmasına meydan vermeden ilave etti:

— Bin lira.. kadar bir şey!

... Bu, Efruz Bey için gerçi çok önemsiz bir para idi. Ancak aksi şeytan.. şimdi vermek mümkün değildi. Çünkü mazeretini Efruz Bey saklamadı:

— Kasamın anahtarları annemdedir. İki hafta var ki nasırlarını kestirmek için profesör Verşinker'in yanına Viyana'ya gitti... Üç ay sonra gelecek... Burada olsaydı vallahi billahi, namusum, asaletim, üzerine tekrar tekrar yeminler ederim ki şu

(1) Perapalas: İstanbul'da Tepebaşı'nda ünlü bir otel.

(2) Portmone (Fransızca: Porte monnaie): Bozuk para çantası.

bin lirayı hemen size verirdim.

Prens Zırtaf teşekkür etti, sonra başını eğdi:

— Şimdi yüz lira verseniz?

— Aksi şeytan! dedi... O da yok.

— Bir lira lütfetseniz?

Efruz Bey, birdenbire yıldırım gibi inen prense dikkatli dikkatli baktı. Ne diyecekti. Fakat mazereti pek makbuldü:

— Bugün yanımda ne kadar bir lira varsa sizin gibi bir dostuma verdim. Elime ancak yarın para geçecek.

— Şimdi bir mecidiye olsun veremez misiniz?

Kurtulamayacağını anlayan Efruz Bey parayı asil dostunun avucuna koyarak:

— İşte bir çeyrek! Daha fazla veremediğim için beni affedersiniz, dedi, hayatta bazen öyle münasebetsiz, öyle aksi anlar oluyor ki...

Prens çeyreği cebine koydu. Teşekkür etti. Konuşarak para üzerine, aksi tesadüfler üzerine, zenginlik üzerine felsefeler yapan Efruz Bey, misafirinin elini sıkıyor, veda ediyordu. Ansızın, arkada, mermer döşeme girişte dehşetli bir gürültü oldu. Çığ gibi yuvarlanan al yanaklı şişman, yuvarlak bir evlatlık sanki birkaç kilometre ötede birisine söylüyormuş gibi nefes nefese, avazı çıktığı kadar:

— Küçük bey! Küçük bey! diye haykırdı. "Anneniz beni görmeden gitmesin!" dedi. Size çarşıdan burnunun kıllarını çekmek için cımbız aldıracakmış!

....

....

* * *

Efruz Bey, Zırtaf'ın arkasından kapıyı kapayınca annesinin yanına koştu. Burası beyaz dokuma sedirli, Uşak halısı döşenmiş, Şam perdeli, gayet alaturka bir oda idi. Duvarlar hep ayet, hadis levhalarıyla[1] örtülüydü. Eğer bir "Allah", bir de "Muhammed" levhası olsa mükemmel bir mescit sayılabilirdi.

— Anne! Niçin o münasebetsiz kızı misafirlerin yanına gönderiyorsun? diye karşısına dikilen hiddetli oğlunu bu sert Çerkez hemen yatıştırdı. Acele ile o rast gelmişti. İşte onun için göndermişti... Münakaşadan ziyade iş yapmasını seven Efruz Bey lafı pek uzatmadı. Hemen evde yeni bir düzenlemeye girişti. İki İslam, bir Rum hizmetçi kızla, küçük evlatlığı ve dadısını çağırdı,

— Şimdiden sonra "Despina"dan başka hiçbiriniz bana bir şey söylemeyeceksiniz! dedi.

Dadısı mahzun baktı:

— Küçük beyim! Niçin bize darıldın?

— Bak hâlâ "Küçük bey" diyor.

— Ne diyeyim a beyciğim?

— İsmimi söylemeye hacet yok. Yalnız unvanımı telaffuz edersin.

Hiçbir şey anlamayan dadı, hanımefendisine ve kızlara "ne diyor?" gibi baktı.

— Kalın kafalı Çerkez! Laf anlamazsın ki...

Efruz Bey tekrar hiddetlendi, köpürdü. Hepsine ayrı ayrı sordu:

— Benim unvanım ne?

Sonra annesine döndü:

— Söyle anne, benim unvanım ne?

Hiçbirisinden bir cevap alamayınca daha ziyade ateşlendi. Ana oğlunun, hizmetçiler efendilerinin unvanını bilmiyorlardı. Bu memleket batmasın da neresi batsın?.. Bu ne anlayışsızlık, bu ne kabalık, bu ne hayvanlıktı.

— Benim unvanım: Prens... Ben prensim! Beni artık prens

(1) Levha: Bir yere asılmak için yazılmış yazı, tablo, resim.

diye çağıracak, medeniyete girmeye alışacaksınız. Hain vahşiler...

Hanımefendi yine oğlunu, geçen seneki gibi ismini değiştiriyor sandı:

— A oğlum, bari kendine bu sefer bir İslam ismi taksan... dedi.

— Sus anne! Cahilliğini meydana vurma. Bu isim mi? Unvan.

— Her neyse... Bari İslamca olsa.

— İslamcası han, ama böyle söylerseniz insanı Acem zannederler.

Hanımefendiyi yine bayılmaktan kurtarmaya çalışan dadı,

— Başüstüne, öyle deriz efendim. Artık hepimiz size "prens bey" deriz.

— "Prens" dedikten sonra "bey" demeye hacet yoktur.

Efruz Bey, Despina'ya döndü:

— Söyle beni nasıl çağıracaksın?

— "Müsyü lö prens" diye.

— Yalnız o kadar mı?

— "Müsyü lö prens zenapları" diye.

Efruz Bey memnun oldu. Annesi, Bolulu aşçı ile fingirdeyen bu kızı ay sonu savmak istiyordu. Fakat oğlunun bu yeni düzenlemesi niyetinin aksine çıktı. Despina'nın maaşına bir lira daha zam yapıldı. Erkek misafir geldiği zaman Despina'dan başka kimse salona, kapının yanına uğramayacaktı.

Efruz Bey yarım saat içinde hizmetçilerin meselesini bitirdikten, küçük evlatlığın misafir karşısında bağıra bağıra yalan söylediğine, ceza olarak iki gün tavan arasında hapsine karar verdikten sonra yatak odasına çekildi. Yemek yemeye gelmedi. Düşünmek istediği akşamlar yemeği istemez. "Boş mide, dolu zihin, parlak fikir!" derdi. Koltuğuna uzandı. Hava tamamıyla kararmıştı. Gölgeler, karanlıklar içinde düşünmeye başladı. Evet, kendi bir prensti! Fakat hangi aileden? Bunu, hakikatte, ancak tarihler biliyordu. Halbuki Türklerin tarihi henüz yazılmamıştı. Annesi Osmanlı asaletine akıl erdirecek zihniyette değildi. Tabii hiçbir şey bilmiyordu. Ama yalnız kendi... yalnız kendisi ailesini biliyor, ruhundaki içten bir sesin, bir sezginin bir ilhamın ismini verdiği asil ailesini bütün tarihiyle, bütün ananatiyle[1] biliyordu. Babası ölmezden birkaç sene evvel Kastamonu vilayeti defterdarlığında bulunmuştu. İhtimal bu adamı gizli bir içgüdü son günlerde atalarının başkentine çekmişti. Ataları ihtimal ki... Hayır, "ihtimal ki" değil, muhakkak surette "Kızıl Ahmet"lilerdi.

— Prens Efruz dö Kızıl... dedi.

"Ahmet" ismi adi idi. Silmek icap ediyordu.

Odanın yalnızlığı içinde atalarının mazisini hayal etmeye başladı, o cenkler, o saraylar, o atlar gözünün önüne geliyor, Kızıl Ahmetli bayrağının dalgalandığını, altından armaları, elmaslı tuğları görüyor gibi oluyordu.

Kalktı. Soyundu. Aç açına yatağına yattı.

Rüyasında Kastamonu'daki muhteşem şatosunun büyük salonunu gördü. Bu altın kanepe, billur avizeli salonda asil dostlarına, av için kendini ziyarete gelen Prens Eternel dö Kara Tanburin, Prens Sücufüzzırtaf, daha birçok marki, kont, lord, veliaht nevinden asillere ziyafet veriyordu. Şampanyalar içildi. Sofrasında şimdiye kadar haremlerin gölgeli kafesleri arkasında mahpus, meçhul kalan Doğu prensesleri de çırılçıplak hazır bulunuyorlardı.

Hele Prenses Zırtaf...

Efruz Bey tabii asil bir şövalye serbestliği ile sofrada, kocasının, bütün davetlilerin önünde bu çırılçıplak güzel prensesin beline sarılıyor, şampanyalı dudaklarından öpüyordu. Fakat Prens Zırtaf kıskandı. Afrikalı bir maymun çevikliğiyle sof-

(1) Ananat: Gelenekler, rivayetler.

ranın ta ortasına atıldı. Efruz Bey'in üzerine hücum etti. O anda bir kargaşalık koptu. Kadehler, sürahiler, avizeler devrildi; silah, kılıç, kalkan, mızrak, tabanca, top; mitralyöz; bomba sesleri işitildi. Karanlıkta salonun eski büyük kubbesi çöktü. Efruz Bey can havliyle gözünü açınca kendini yatağında dimdik buldu. Sabah olmuş, hızla kapıyı açan Despina sütlü kahvesini getirmişti.

— Buyrunuz müsyü lö prens zenapları...

Müsyü lö prens zenapları derhal yataktan fırladı. Tersine giyilmiş pijamasının hiçbir düğmesi iliklenmemişti. Hâlâ rüyasında kucakladığı Prenses Zırtaf'ın aşkıyla ruhu, kalbi, sinirleri gergindi. Şakadan Despina'nın üzerine atıldı. Belinden yakaladı. Karyolanın içine attı. Sütlü kahve dökülmüş, fincanlar odanın ortasına yuvarlanmıştı.

— Ah prenses, prenses...

— Vire duyazaklar şimdi... Olazayiz rezil...

— ...

— ...

....

Bu esnada sofadan geçen hanımefendi, fincanların şangırtısını duymuştu. "Ne oluyor!" diye vurmadan, habersizce kapıyı itince öyle müthiş bir çığlık kopardı ki... Herkes yukarı koştu. Manzara müthişti! Prensin elinden kurtulan Despina, saçı başı karmakarışık, tıpkı iffetine tecavüz olunmuş masum bir kız oğlan kız gibi hıçkıra hıçkıra, derin derin ağlıyor, yanmamak için hemen kazı çeviren prens,

— İşte sütümü döken beceriksizi ben böyle döverim! diyordu.

Ama hanımefendi yutmadı. Bağırdı:

— Dışarıda ne halt yersen ye... Burası bildiğin yer değil... Benim boynuzlarımı takmaya vaktim yok...

Despina'yı hemen kovdu.

Ana oğul işi azıttılar. Kavga az daha dövüşe dönecekti. Hanımefendi her vakitki gibi bayıldı. Prens Efruz bu aralık çabucak giyinerek kendisini sokağa attı. Serin, rüzgârsız bir eylül günü, tatlı güneşiyle her tarafı parlatıyordu. Tek gözlüğünü, taktı. Yürüdü. Yanından geçenleri görmüyordu. Harbiye'nin, önünde bir arabaya atladı. Perapalas'ın önünde indi. Prens Eternel dö Kara Tanburin, Prens Zırtaf, Prens Müzekki, Marki Nermin otel kapısının karşısında, yaya kaldırımında ayakta durmuş, konuşuyorlardı. Onu görünce,

— İşte Efruz Bey, diye döndüler.

Efruz Bey asillere yakışmayan bu hitaptan üzüldü. Elini onlara uzatmadı. Dargın bir tavırla,

— Asaletmeaplar beni tanımıyorlar, dedi.

Tanıyorlardı. Fakat ismini bilmiyorlardı. Prens Zırtaf hemen anladı:

— Prens hazretleri dün bize ailelerinin ismini söylemedi.

— Hakkınız var. Unuttum.

— O halde şimdi lütfediniz.

— Prens Efruz dö Kızıl...

Hepsi bu ismi tekrarladı. Prensin elini sıktılar.

— Beni mi bekliyordunuz?

— Evet, evet...

— O halde niçin girmiyoruz?

— Marki Nermin Bey makul bir şey düşündü. Perapalas'ta toplanmamız uygun değil.

— Niçin?

Marki cevap verdi:

— Çünkü bu otele adi politikacılar da girebiliyor. Ondan başka iktisat serserileri de burada toplanıyor. Bizi daha sonra tanıyacak olan asiller ilk toplantımızı burada yaptığımız duyarlarsa protesto ederler.

Prens dö Kızıl, arkadaşlarını evine, kendi salonuna davet

edecekti. Ama henüz sabahki olay aklında olduğundan teklife cesaret edemedi.

— İyi? Fakat nerede toplanacağız? dedi.

Prens Eternel:

— Nerede olursa olsun, hususi bir yerde...

Kendi evi pek uzakta, Fatih'te olduğu için dostlarını davet şerefinden mahrum kalacağına dair samimi, gerçek üzüntülerini belirtti.

Prens Zırtaf:

— Benim apartmana buyrun! dedi.

Kabul ettiler. Yavaş yavaş Caddeikebir'e doğru yürümeye başladılar. Zırtaf yirmi senedir İstanbul'da umumhaneler,[1] kumarhaneler işletmekle milyonerleşmeye yüz tutmuş bir Rum'un geçen sene yaptırdığı büyük "Megalo İdea"[2] apartmanında, ikinci kattaki dairede oturuyordu. Burası son derece muhteşem, son derece süslü idi. Kapısında beyaz fistanlı, Karadağ tabancalı iri, ince belli efzunlar[3] duruyor, gelene geçene bir kral sarayı bekliyorlarmış gibi dehşetli dehşetli bakıyorlardı. Bu mitoloji kahramanlarının önünden geçerken Prens Efruz dö Kızıl, asil kalbinin gururla titrediğini duydu. İşte arkadaşı prens, nasıl ismiyle unvanına layık bir ikametgâhta yaşıyordu. Geniş mermer merdivenleri çıktılar. Kapının düğmesine Prens Zırtaf bastı. Açılan kapıda kesik kır bıyıklı ihtiyarca bir uşak göründü. Sadece, yani adeta kabaca,

— Oriste! dedi.

Prens Zırtaf, asil arkadaşlarının hepsini kendi önünden geçirdi. Salonuna götürdü. İhtişama, mobilyaların zenginliğine

---

(1) Umumhane: Genelev.

(2) Megalo İdea: Yunan politikasında zaman zaman görülen yayılma fikrini anlatan söz.

(3) Efzun: Milli kıyafetli Yunan askeri.

hepsi şaşıyordu. Duvarlarda kıymetli açık saçık resimler asılıydı. Köşelerdeki sehpalarda beyaz mermerden heykeller parlıyor, nefis vazoların içindeki taze çiçek kokularına, sanki ağır bir tütün kokusu karışıyordu. Ortadaki masa salona göre biraz büyüktü. Üzerinde ağır nefti çuhadan bir örtü vardı. Kumaş koltuklara oturdular.

Prens Zırtaf,

— Evimde yüce bir amaç için toplandığımıza çok memnunum, dedi. Bütün toplantılarımız için bütün apartmanım, uşaklarım, kendim emrinize tabiyim.

— Teşekkür ederiz.

— Ben size teşekkür etmeliyim. Çünkü ilk toplantıyı benim evimde yapmak şerefini.. bana... müşerref olmaklık... Çünkü..

— Teşekkür ederiz.

— Bin teşekkür...

— Mersi.

— Asaletiniz...

Zırtaf, cümlesinin sonunu getiremedi. Prens Eternel,

— Vakit nakittir.. diye söze başladı. Şimdi boş durmayalım. Biliyorsunuz ki maksadımız pek yücedir. Kendi asaletimizle beraber köşede bucakta kalmış asaletleri de meydana çıkaracağız. Onlara önce unvanlarını vereceğiz. Sonra haklarını aramaya, bulmaya çalışacağız.

— Haydi çalışmaya başlayalım.

— Evet.

— Haydi.

— Hemen...

Prens Eternel:

— Acelemiz teşekküre değer. Fakat önce bir reis seçmeliyiz ki görüşmelerimiz muntazam olsun.

— Evet.

— Evet.

— Gizli oyla mı?

Marki Nermin,

— En iyisi kura ile, dedi, gerçi içimizde en asil, en eski aileye mensup sizsiniz, azizim Prens Eternel, bu teklifimi kabul buyurursanız asaletinizden daha büyük bir alçakgönüllülük erdemi göstermiş olacaksınız.

— Hay hay... Kabul ederim.

Teşekkürler, takdirler, hayretlerden sonra Prens Zırtaf kâğıt kalem istemek için uşağını çağırdı. Bir elektrik düğmesine bastı. Hemen açılan kapıdan deminki alkolik ihtiyar uşağın girdiği görüldü. Elindeki iki üç deste açılmamış oyun kâğıdıyla büyük bir fiş kutusunu, abanozdan bir para küreğini masanın üzerine bıraktı.

Prens Zırtaf,

— Götür bunları, dedi, şimdi oynamayacağız, çabuk kâğıt kalem getir.

Kumar malzemelerini geri götüren uşak birkaç dakika sonra kâğıt kalem getirdi. Zırtaf, prenslerin, markinin isimlerini yazdı. Kâğıt parçalarını bir mendile koydular. Tam çekecekleri zaman dışarıda bir gürültü oldu. Efruz yan gözle ev sahibine baktı. Zırtaf sapsarı kesilmişti, ayağa kalktı:

— Ne var?

— Hiç...

— Bu gürültü...

— Uşak bir şey devirmiş olmalı...

— Fakat...

— Bu sesler...

— ...

Zırtaf'ın çıkmak için yürüdüğü kapı birdenbire açıldı. İki iri adam bir anda göründü. Ellerinde revolverler[1] vardı.

(1) Revolver: Bir çeşit tabanca.

— Ellerinizi yukarı kaldırın!

Prens Efruz dö Kızıl'ın aklından binbir ihtimal bir anda geçti. Acaba asalet örgütü kuracaklarını haber alan demokratlar, hayatlarına karşı bir suikast mı tertip etmişlerdi? Zırtaf uçacakmış gibi, zayıf kollarını havaya kaldırmıştı. Arkadaşları da şaşırmışlar, onu taklit etmişlerdi. Efruz Bey soğukkanlılığını kaybetmiyordu. Fakat ah, keşke revolveri yanında olsaydı... O da çoğunluğa uydu. Pantolonunun cebinden çıkardığı ellerini, inanılmaz bir ilaha dua edecekmiş gibi istemeye istemeye yukarıya kaldırdı. Kendilerine kumanda edenlerin arkasında iki de polis duruyordu. En öndeki memur bu polislere üzerlerini aramak için emir verdi. Prens Efruz soğukkanlılığını bozmuyor, hiç sesini çıkarmıyordu. Evet, anlaşılıyordu ki işe hükümet de karışmış! Demokrat hükümet asilleri yakalamak, programlarını filan elde etmek istiyordu. Ama bir şey bulamayacaklardı.

Komiser olması icap eden memur,

"Fişleri, kâğıtları filan hep getiriniz," dedi. Anlaşıldığına göre işi kumar baskını halinde idare etmek istiyorlardı. Hay kurnazlar hay...

Sivil komiser, elleri havadaki Prens Zırtaf'a sordu:

— Aziz! Bu seni kaçıncı yakalayışım?

— ...

— Ben "Bu Beyoğlu'nda sana kumar oynatmam," demedim mi?

— Biz burada kumar oynamıyorduk ki...

— Ya ne yapıyordunuz?

— Hiç...

— Onu sen babana yuttur. Beş gündür seni takip ediyoruz. Kumarcıları toplayıp toplayıp buraya getiriyorsun. Mihail'i de şimdi götüreceğim. Onunla ortak olmuşsunuz. Sizin işleteceğiniz kumarhane değil, batakhane...

— Vallahi komiser bey, burada şimdi kumar oynamıyorduk.

— Ya ne yapıyordunuz?

— ...

Zırtaf cevap vermiyordu. Prens Efruz'un ödü koptu. Ya gerçeği söylerse... İşte o vakit işleri yamandı. İhtilalcilikle, inkılapçılıkla itham olunacaklardı.

Prens Efruz bunu çaktı. Gülümsüyordu.

— ...

— Söyle Aziz ne yapıyordunuz?

— Konuşuyorduk.

— Ne konuşuyordunuz?

— Şuradan buradan...

— Bana yutturamazsın. Dün gece, evvelki gece, pazar sabahı hep buradan şuradan mı konuştunuzdu?

— ...

— Hem Mihail'e ortak olmuşsun.

— Hâşâ...

— Bu apartmanı o tutmuş.

— Olabilir.

— Madem ki ortak değilsin, sen burada ne arıyorsun?

— Burada kira ile bir oda tutuyorum.

Efruz gülümsüyordu. Cepleri arandığı halde hâlâ hepsinin kolları yukarıdaydı. Kara Tanburin, Müzekki Civan hiddetten kıpkırmızı idiler. Prens Efruz ilk defa ağzını açtı:

— Memur efendi, affedersiniz, kollarımız ağrıdı. Müsaade ediniz de aşağı indirelim.

— İndiriniz, indiriniz.

— ...

Sonra Prens Zırtaf saçmalayıp da sırlarını meydana vermesin diye işi kısaca kesti:

— Evet, komiser efendi. Biz burada kumar oynuyorduk.

Komiser hemen Zırtaf'a döndü:

— İşte arkadaşın itiraf ediyor.

— Yalan.

Siyasette yalan caizdi. Efruz Bey bu iftirayı hakaret olarak görmedi. Tekrar,

— Yalan değil! dedi.

Komiser biraz tereddüt ediyordu:

— Hepinizin üzerinden beş lira çıkmadı. Paralar nerede?

— Para lafı Efruz'un kibrine dokundu. Sert bir cevap verdi:

— Biz üzerimizde para taşımaya tenezzül etmeyiz.

— Vay beyim vay! Ya ne yaparsınız?

— Paralarımız bankada durur.

— Ha işte, ben de o bankayı soruyorum.

— Size söylemeye bir mecburiyetim yok.

— Karakolda bülbül gibi söylersin.

— ...

Sonra komiser, Mihail diye adını bildiği uşağı sıkıştırıyor, paraları nereye sakladığını soruyordu.

Efruz Bey asıl tahkikatı kumar meselesine çevirebildiği için memnundu. Hiç karşı koymadı. Karakola gitti. Bir gece yattı. Ertesi gün kefaletle tahliye olundu. Uzun müddet asil arkadaşlarına rast gelmedi. Böyle asırlarca asalete önem vermemiş bir çevrede resmi asalet iddiasına kalkmak gerçekten oldukça tehlikeli bir şeydi. Gazetelerde "Prens Uzun Hasan"ın nasıl teşhir edilerek maskaraya çevrildiğini hatırladı. Aziz Zırtaf'ın Beyoğlu'nda meşhur sabıkalı bir kumar kılavuzu olduğunu bir türlü öğrenemedi. Altı ay hapse mahkûm edildiğini işittiği zaman,

— Zavallı prens! dedi, asaletin kurbanı oldu! Sırrımızı hükümete vermemek için yalancıktan kumarcılığı kabul etti. Haysiyetini kaybetti, ama denklerin altında kalan büyük ceddi Kaysüzzırtaf'ın "azametli ruhu" şüphesiz yine ruhunda yaşıyor.

Politika, asalet teşebbüsleri cılk çıktıktan sonra Efruz Bey için yapılacak yalnız bir şey kalıyordu: Milliyetçilik! O, öyle bir köşede oturacak, şöhretten, şandan uzak yaşayabilecek bir tip değildi. Hareket, inkılap, gürültü, harıltı adamıydı. Koştu. Gitti. Bucağa yazıldı. Oranın geceli gündüzlü bir müdavimi oldu. Artık evine pek geç vakit gelir, güneş doğmadan kendini sokağa, yani bucağa atardı!..

Vakit Gazetesi, 1.7.1926 – 10.7.1926

*BİLGİ BUCAĞINDA **

Ama epey zamandan beri Efruz Bey hiçbir tarafta görünmüyordu. Bucakta verdiği son konferansları hatırlayanlar onu Kâşgar'a gitmiş sanıyorlardı.

* * *

Ah hakikaten onlar ne konferanslardı! Bu meşhur konferanslar sayesinde değil miydi ki İstanbul'da yeni bir âlem doğdu. Yüz bin "Arnavutköy akıntısı" kuvvetinde sert bir cereyan başladı. Herkes anladı ki biz, yani İstanbul, biz Türkiye halkı, Türk değilmişiz!.. Bucağın salonu hıncahınç doluyordu. Efruz Bey'in şaşaası içinde Çapakçurlu, Mamayof gibi en büyük, en dâhi Bucaklıların namı söndü. Türklerin milli büyük şairleri Emin Bey'le[1] gayri milli "Dâhi-yi Azimüşşan"ları[2] Abdülhak Hâmid'in resimleri indirildi. Yerlerine Efruz Bey'in, yollar kapalı olduğundan henüz gidemediği Petersburg Oroçensk etnografya müzelerindeki derin derin incelemeleri neticesinde bulduğu –hayır bulduğu değil– keşfettiği milli Türk kıyafetiyle çıkarılmış resimleri asıldı. Bu resimler normal büyüklükte idi. Bucağın reisi bunlara göre Efruz Bey'in bir de heykelini yaptırmak istemiş, fakat o zaman Efruz Bey razı olmamıştı.

Her ne kadar Türkçülük kuruluna yeni girmişse de kor-

(*) Bilgi Bucağı: İkinci Meşrutiyet devrinde kültür hareketlerinin merkezi olan Türk ocağı.

(1) Emin Bey: Milli Edebiyat şairlerinden Mehmet Emin (Yurdakul).

(2) Dâhi-yi Azimüşşan: Şair Abdülhak Hâmit sağlığında "ünü büyük dâhi" anlamındaki bu unvanla anılırdı.

kunç yaratıcı zekâsı sayesinde yine onların siyasetini çakmıştı. Biraz akıllı, biraz istikbali parlak bir adam gördüler mi içlerinden "İşte bir rakip!.." derler, hemen onun fotoğrafını büyülterek salonun duvarına asarlardı. Sanırlardı ki fotoğrafı asılan bucakçı artık en büyük mevkiyi elde ettiğine inanacak! Enayiler buna kanardı. Fakat Efruz Bey... Efruz Bey gibi bir dâhi budala mıydı? Resmi asıldıktan sonra da konferanslarına devam etti. Bucağın gayet nazik reisi,

— Biraz ara versek, azizim korkuyorum ki bucaklılar derslerinizden bıkacak, dedikçe o başını sallar, gülümserdi. Hangi bucaklı onun derslerinden bıkacaktı? Her cümlesinden sonra daima bir alkış tufanı koparanlar mı? Kıvırcık kirpikli iri siyah gözlerini kırpıştırarak monoklunu[1] düzelterek tekrar gülümser,

— He, he aziz reisim, derdi, işi tabiata bırakınız; maksat onlara bir şey öğretmektir. Benden çalışmak! Bıkarlarsa bıksınlar. Dünyada zaten neden bıkılmaz? Bonboncunun[2] çırağı birbiri üstüne iki bonbon yiyebilir mi? Fakat işi tabiata bırakalım. Ben derslerimden vazgeçmem. İsteyen gelsin, dinlesin, istemeyene tünaydın.."

Bu lafları söylerken içinden de derdi ki: "Ah hain reis! Beni bilmiyor mu sanıyorsun? Bütün bucaklıların bana taptıklarını anlıyorsun. İhtimal gelecek seçimde beni reis yapacaklar. Sen iyot gibi açıkta kalacaksın. İstiyorsun ki şimdiden beni biraz unutsunlar."

Resmi duvara asıldıktan sonra artık reis onu kolaylıkla bucaktan uzaklaştıramazdı.

Artık her sabah erkenden damlıyor, öğle yemeğini bile bucakta yiyor, akşama kadar çay içiyor, konuşuyor, kendi ilmine, eylemine, bilgisine dair propaganda yapıyordu. Onun bütün hayatını bucakta geçirdiğini hizmetçilerden öğrenen reis şaşar,

(1) Monokl: Kaş kemerinin altına sıkıştırılarak kullanılan gözlük camı.
(2) Bonbon: Şekerleme.

— Fakat azizim, konferanslarınızı ne zaman hazırlıyorsunuz? diye sorardı.

— Geceleri!

— Hangi gecelerden bahsediyorsunuz?

— Her geceden.

— Fakat azizim, her gece, gece yarısına kadar burada konferans veriyorsunuz.

— Gecelerin, yarısından sabaha kadar süren kısımda.

Reis bütün bütün şaşırdı:

— Öyle ise ne zaman uyuyorsunuz?

— Ne uykusu?

— Bayağı uyku, gece uykusu...

— Aziz reisim, sen beni bir gümrük hamalı sanıyorsun. Ben beyniyle yaşayan bir adamım. Ben geceleri hiç uyumam.

Reisin şaşması değişir, gözlerinin beyazı büyür, ağzı açık kalırdı:

— Aman yarabbi bu nasıl olur? Hiç uyumamak, bu nasıl olur?

— Pek tabii. Yalnız gündüzleri on dakika kadar uyurum.

— Her sabah erkenden bucağa geliyorsunuz. Akşama kadar bir dakika uyuduğunuzu gören yok.

— Tabii böyle uyanık bir yerde uyuyamam. Evet tramvaya bindiğim zaman Taksim'den geçerken dalarım. Galatasaray'da bilet kontrolcüsü uyandırır. Köprüye kadar tekrar dalarım. İşte benim uykum!

— Halbuki konferans hazırlamaya onun hiç ihtiyacı yoktu. O cahil miydi? Kitabı açıp okuyup söyleyenler pek cahillerdi. Kitaptan okuyup konuştuktan sonra konferansçılığın ne önemi kalırdı? Kitaptaki olan şey zaten söylenmiş demekti. İsteyen alıp okur, yahut her kim isterse bu kitabı verir, okutturur, dinlerdi. Marifet, okumadan konuşmaktı. Fakat bucakta bu gerçeği bilen olmadığı için, Efruz Bey hep çok okuyor, derin

derin inceler gibi gözüküyor, kataloglardan ezberlediği filozof, âlim adlarını sık sık tekrarlayarak daima "asıl kendine ait fikirler" söylerdi. Mesela bir meseleyi izaha başladı mı, önce derdi ki: "Efendiler, işiteceğiniz ders asla benim fikrim değildir. Dün gece tamamıyla okuduğum kitapları şimdi size sayacağım. Kaynağım bu kitaplardır. Ben yalnız bu fikirleri birleştirdim. Zaten bir âlimin vazifesi de yalnız budur." Sonra en aşağı yirmi kitap ismi sayardı. Bucaklıların ona o kadar itimatları vardı ki içlerinden hiçbiri, bir gece içinde tanesi en aşağı üçer yüz sayfalık yirmi kitabın, yani altı bin sayfanın okunamayacağına akıl erdiremezdi. Efruz Bey'in kütüphanesinde kataloglar hemen hemen büyük iki raf işgal ederdi. Her gece yatmadan önce bu kataloglardan birkaçını açar, incelediği yazarların eserlerinin ismini yazar, diğer defa yine bu yazarlardan bahsetmemek için katalogdan isimlerini iyice silerdi. Hatta bazen günlük gazetelerde kendine reklam yaparken: "Ben şimdiye kadar dört yüz bini aşan tarih kitabı okudum ilah..." diye istemeye istemeye, her vakit iddia ettiği alçakgönüllülüğüne rağmen, kendinden başka Türkiye'de âlim bulunmadığını söylemeye mecbur olurdu. Ah, fakat kıskançlık... İşte insanlığın en kötü bir kusuru... her âlim gibi onu da kıskanmaya başlamışlardı. Kıskananların başı, birincisi, reis, aynı zamanda bucağa reis olandı. Onun derslerine mani olmak için sürekli planlar kuruyor, sanki bir üniversite, bir lise imiş gibi bucakta da yaz tatilini kabul ettirmeye çalışıyordu.

— Yaz tatili ne demek? diye Efruz Bey hemen itiraz etmiş; dört gece sıra ile yaz tatilinin fenalığına, lüzumsuzluğuna, dine aykırı olduğuna dair serbest dersler vermişti, beşinci gece birçok ayet, hadis, Arapça cümleler okuyor, derin derin tefsirler yapıyordu. Mesela, "Utlub-ül ilme velev bis-sîn" diyordu.

— Evet, bu ne demektir? "İlim, Çin'de bile olsa gidip bulunuz, isteyiniz, öğreniniz" değil mi? Pekâlâ Çin'e gitmek için iki yol vardır. On sene önce okuduğum otuz bin sayfalık kocaman, siyah kaplı bir coğrafya kitabında bu yollara ait pek mühim bilgi edindim. Biri İstanbul, Erzurum, Tahran, Kaşgar, Tibet, Mançuri yolu! Diğeri İstanbul Marsilya, Cebelüttarık, Liberya, Ümit Burnu, Madagaskar, Zengibar, Avustralya, Filipin, Formoza, Şanghay yolu. Laf arasında unutmayayım, size fazla bilgi olmak üzere söyleyeyim; Filipin'de pek derin fıkıh, ilahiyat âlimleri bulunduğunu müsteşrikler[1] oybirliğiyle beyan ederler. Konumuza gelelim: Bu yollar ancak yazın işler. Kışın fırtınalar, tayfunlar münasebetiyle seyahat mümkün değildir. Halbuki bir yaz tatilini kabul edersek, dolaylı olarak Çin'e gitmek imkânını da kaldıracağız. O halde ne olacak? "İlim Çin'de olursa, yaz tatili münasebetiyle gidip onu aramayınız. Bulmayınız. Cahil kalınız!" değil mi? Düşününüz efendiler, bu ne müthiş bir küfürdür. Bundan başka...

Bucaklıların alkış tufanından salonun havası sarsılıyor, elektrik lambaları titriyor, duvarda meşhur dâhilerin resimleri sallanıyordu:

— Lanet olsun yaz tatiline! Lanet...

Reis, Efruz Bey'in bastırmasından sapsarı kesilmişti. Bu, Türklerin Çiçeron'u idi. En tabii bir fikri küçük bir ima ile, dâhiyane bir mantık ile silip süpürüyor, en basit hakları korkunç cinayetler gibi gösteriyordu. Efruz Bey monoklunu çıkarmış, önüne bakıyor, alkışın sonunu bekliyordu. Fakat bu alkış durmadı. Aynı zamanda müthiş bir hatip olan reisin sesi işitildi:

— Muhterem arkadaşlarım, efendilerim. Burada biz pek çok duygularımıza bağlıyız. Parlak sözlere kapılıyoruz. Halbuki gerçek parlak sözler değildir. Mantıktır, muhakemedir.

Efruz Bey,

— Sözümü kesmeyin Reis Bey, diye haykırdı. Ben bitireyim, sonra kürsüye çıkınız. Burası hürriyet ve serbesti bu-

(1) Müsteşrik: Doğu bilimci, oryantalist

cağıdır. Burada herkes konuşabilir. Yalnız mantıktan, gerçekten ayrılmamak lazımdır. Kimse kimsenin sözünü kesemez. Burası sizin eviniz, yahut mektebiniz değildir. Siz reissiniz, yalnız o kadar...

Reis bu tepki karşısında korkup susuverince Efruz Bey yine ilmi itirazına devam etti:

— Reis Bey diyor ki, "Parlak sözlere kapılıyoruz. Hakikat parlak sözler değildir." Ben de bunu tasdik ederim. Fakat benim sözlerim asla parlak değildir. Benim sözlerim kurudur. Mantıkidir, ilmidir, fennidir; fakat asla parlak değildir. Onun için safsata ile susturulamam. Beni mantıkla, ilimle çürütmeli. Evet ne diyordum?..

Bucaklılar Efruz Bey'e konuyu hatırlattılar:

— Lanet olası yaz tatilinden bahsediyordunuz.

— Ha... Evet, yaz tatili... Tabii siz hepiniz talebe genç olmak itibarıyla benden iyi biliyorsunuz ki "Utlub-ül ilime min el lâhdi ilel mehd" değil mi?

— Evet, evet...

— Şüphesiz.

— Yaşayın. Yaşayın...

— Sükûnet ister! Hissiyatınızı nidalarla dışarı vurmayın! Bu, hayvanlara mahsus bir zihniyettir. Sakin olun. Evet bunun manası "Daima mezardan beşiğe kadar ilmi isteyiniz" demektir. Eğer yaz tatili yasal olsa "yaz tatilleri istisna olmak üzere mezardan beşiğe kadar ilmi isteyiniz," demek icap ederdi.

Sobanın yanında oturan Reis Bey birdenbire hiddetlendi; ayağa kalktı. Herkes delirdi sandı. Hızla kürsüye doğru koştu. Bucaklıları eziyor, bazen kendi yere yuvarlanıyor, kalkınca sıçrayarak omuzlarından aşarak Efruz Bey'e atılıyordu. Bir suikasta maruz kaldım zanneden Efruz Bey hemen eğilmiş kürsünün içine saklanmıştı. Reis boş kalan kürsüye fırladı. Ağzını açtı. Artık Efruz Bey görünmüyordu.

— Efendiler, kardeşler, değerli bucaklılar, şarlatanlık oluyor, bir şarlatan, evet bucaklılar bir şarlatan ta Tufan tepelerinden kopan Altayi bir çığ gibi bizim üzerimize çökmüş, bizi aldatıyor. Bucaklılar, bizi aldatıyor.

Kürsünün içinden, derin derin "Hâşâ! Hâşâ! Hâşâ!" sesleri geliyordu. Reis devam etti:

— Evet aldanıyoruz, bucaklılar, aldanıyoruz. Mesela bu şarlatan "Utlub-ül ilme min el mehdi ilel lâhd" diyecek yerde "Minel lâhdi, ilel mehd" diyor. Bu hâşâ huzurunuzdan uzun kulaklı bir mahluka yakışacak derecede ağır bir hitaptır. Bundaki anlam farkını anlıyor musunuz?

Bucaklıların en ön sıralarda oturan en ateşlileri,

— Hayır, anlamıyoruz. Biz Arap mıyız? diye karşılık verdiler.

— Anlamış değilsiniz. Anlamak vazifeniz değildir. Fakat ders vermek iddiasını güden bir âlim bunu bilmelidir. Bu şarlatan önce bunu yanlış söyledi. Hiç olur mu efendim, "mezardan beşiğe kadar?..." Hayır, "Beşikten mezara kadar..." olacak. Yani 'İnsan doğduğu zamandan öleceği ana kadar" demektir. Bizi hemen iki seneden beri aldatan bu şarlatanı nihayet işte böyle suçüstü halinde yakaladım. Arapça bilmiyor. Sonra "mezardan beşiğe kadar" yani "ölümden doğmaya kadar" diyecek derecede mantıksız bir cahil..

Bütün salon bu "suçüstü" karşısında sessiz kaldı. İki senedir tapındıkları ilahları işte böyle kazara devriliyordu. Bucağın bu anda ruhuna, duygularına ancak Frenklerin "muvman kritik"[1] dedikleri söz tercüman olabilirdi. Reisin gözleri parlıyordu. İşte nihayet hasmını yere sermişti. Fakat.

Fakat yere serdim sandığı hasmı yavaş yavaş bacaklarının arasından yükseldi. Kafasını meydana çıkardı. Bir eliyle reisin omzunu tuttu. Diğer elini bucaklılara uzattı:

---

(1) Muvman kritik (Fransızca: Mouvement critique): Eleştiri hareketi.

— Hiçbiriniz kımıldamayın. Ey reis, sen de kımıldama. Artık sen manen öldün.. Çünkü cehaletin fena halde meydana çıktı. Ey bucaklılar, iki dakika beni dinler misiniz? Bunu vaat ediyor musunuz?

Reis omzundaki Efruz Bey'in eline şiddetle vurdu:

— Hâlâ şarlatanlık, hâlâ şarlatanlık.

— Şarlatan sensin!.

— Sensin.

— Sensin.

— Sensin.

— Artık bu kürsüde laf söylemeye senin hakkın yoktur.

— Senin hakkın yoktur.

— ...

— ...

Efruz Bey'le reis birbirlerinin boğazlarına sarıldılar. Bucaklılar kürsüye çıkmaları "iç tüzükle" yasaklandığı için gidip ayıramıyorlardı.

— Bu, beni tahkir![1]

— Asıl beni tahkir!

— Düello...

— Tenezzül etmem.

Bucağın kahvecisi reisi kurtarmak için hemen arkadan fırladı. "İki çay parasını inkâr etti," diye Efruz Bey'e zaten garezi vardı. Kürsüye koştu. Efruz Bey'i boğazından yakaladı, yere indirdi. Yere inen Efruz Bey hâlâ direncini muhafaza ediyordu. Avazı çıktığı kadar:

— Hak, gerçek boğuluyor, ey bucaklılar. Bana müsaade ediniz. Çıkayım haklı olduğumu söyleyeyim. Eğer reis haksızlığına emin değilse buna mani olmasın. Ben konuşayım, o da konuşsun. Siz hükmediniz. Siz hakem olunuz, burası engizisyon olmasın Victor Hugo hazretlerinin dediği gibi "Müsade-

---

(1) Tahkir: Aşağılama, onur kırma.

me-i hakikat barika-i efkârdan doğar."

Salonda büyük bir gürültü koptu. Çoğunluk Efruz Bey'e taraftardı. Zaten reisten bıkmışlardı. Bu adam her şeye karışıyor, kendisinden başka konuşana meydan vermiyor, konferansları kesiyor, her şeyi piç ediyordu. Daima fikri "Hep ben hâkim olayım" idi. Hem demek onun maksadı orada, köşede, büyük beyaz sobanın dibinde sakin sakin oturup konferans dinlemek, istifade etmek değilmiş. Pusuda imiş! Efruz Bey'in küçük bir hatasını yakalar yakalamaz aç kurt gibi atıldı. Evet, çoğunluk Efruz Bey'e taraftardı. Çünkü bucağı sürekli misafiri olan Rus öğrenci Efruz Bey'e "Bizgim Tolstoygumuz!" derdi. Efruz Bey gündüz fikirlerini propaganda ederken onlara: "Asıl Türkler sizsiniz. Türkiye Türkleri Türk değildir. Dejeneredirler. Biz medeniyeti sizden alacağız. Hepimiz Tatar olacağız Kazgan'da, Orenburg'da çıkan âlimlerin bir tanesini Türkiye yetiştirebilmiş mi? Hatta Rusların ilerlemesi bile sizin yüzünüzdendir," derdi. Sonra bu ilim fikrine gayet pratik bir proje de ilave ederdi:

"Ben bucağa reis olursam önce burasını resmi bir akademi gibi hükümete kabul ettiririm. Sonra size yalnız oda, yatak değil, günde dokuz defa da yemek verdiririm. Hepinizi milli akademiye maaşlı doğal üye yaparım." İşte böyle propagandalarla bucağın Tatar kısmını, kuzey kuvvetini kendi yanına çeken Efruz Bey öyle, şüphesiz bir cahilliği meydana çıktı diye kürsüden vazgeçemezdi. Bağırdı, çağırdı. Salonda belki cinayetler olacaktı. Nihayet reisle Efruz Bey ayrı ayrı dinlenilmek şartıyla barış yapıldı. Herkes yerine oturdu. Efruz Bey,

— Önce ben konuşacağım, sıra bendedir, diyerek kahvecinin darbesiyle beş dakika önce yuvarlandığı kürsüye tekrar muzafferane çıktı:

— Dinleyiniz, dikkatle dinleyiniz. Eğer ben şarlatan isem beni bir daha bu bucağa koymayın. Fakat reis şarlatan ise... ben ondan bir şey istemiyorum. Yalnız onun şarlatanlığını, bana haksız hücum ettiğini ispat edersem benden özür diler mi?

Reis hakkından emin olanlara has bir tereddütsüzlükle,

— Özür dilerim, ispat et bakalım, diye haykırdı.

Bütün salonun üzerinde ne kesif bir "ezmine-i tenkidiye"[1] sözleri dalgalandı. Herkes merak ediyordu. Bu kadar belirgin bir hatadan Efruz Bey nasıl yakayı sıyıracaktı?

— Dinleyiniz, dikkatle dinleyiniz. Benim için reis "Arapça bilmiyor," diyor. Bunu reddederim. Gerçi bir Türk için bu bir kusur değildir. Fakat ben mükemmel Arapça biliyorum. Araplar benim kadar Arapça bilmezler.

Reis kendini tutamadı, güldü:

— Bu nasıl olur?

— Bayağı olur. Çünkü Araplar benim gibi İbranice[2] bilmezler. Ben İbranice de bilirim. Diğer lisanların hepsini bilirim.

Reis yine kendini tutamadı:

— Ne malum?

— İsteyen imtihan edebilir. Benim bu lisanları bildiğim her ne kadar Türkiye'de meçhul ise de Avrupa'da öyle değildir. Herkes beni tanır. Hatta Max Nordau[3] karşılaştığı zorlukları çözmem için bana mektup yazar. Yarın onun İbranice mektuplarını getirir hepinize gösteririm. Ne ise sadede gelelim. Evet ben Arapça pek iyi bilirim. Söylediğim sözü de biliyorum. "Min el lâhdi ilel mehd" dedim, yani "mezardan beşiğe kadar" Bu sözde reis bir yanlış var zannetti. Sonra inkâr etmemesi için tekrar bunu kendisine soracağım, cevabını hepinizin huzurunda tekrar aldıktan sonra benim doğru söylediğimi, onun bu sözümü anlayamayacak kadar cahil olduğunu ispat edeceğim. İşte reis bey, size soruyorum. "Min el lâhdi ilel mehd" yanlış mı?

(1) Ezmine-i tenkidiye: Eleştiri zamanı.

(2) İbranice: Bugün İsrail'de konuşulan Sami dili.

(3) Max Nordau: Alman fizikçisi ve yazarı, Siyonist.

— Evet yanlış.

— Sonra pişman olacaksınız. Buna emin misiniz?

— Herkes gibi eminim.

— Pekâlâ! Bucaklılar. Ey üniversite sıralarında dirseklerini çürüten, geceleri dağ gibi büyük kitaplar üzerinde gözlerinin nurlarını solduran gençler! Size hitap ediyorum. Çünkü reis söyleyeceklerimi anlamaz. İşittiğime göre hiç mektep görmemiştir. Mantıkta bir "analiz, sentez" vardır. Biliyor musunuz?

Bucaklıların zaten bundan başka bildikleri şey yoktu. Bağrıştılar:

— Biliriz.

— Bir de "istidlâl,[1] istikra[2]" vardır. Biliyor musunuz?

— Biliyoruz.

Reis aptallaşıyordu. Çünkü o, vaktiyle mantığı inkâr etmiş olan bir kuşağa mensuptu. Mantık, hep laf, hep boş sözdü.

Cevabına güzel bir zemin hazırlamak için –alışıldığı üzere– yanında duran genç bir Robert Kolejliye yavaşça sordu:

— Bu "istidlâl, istikra" ne demek?

— Galiba "gitmek, dönmek" olacak.

Efruz Bey yumruğunu kürsüye vurdu:

— Pekâlâ... İstidlâl başlangıçtan neticeye doğru yürümektir. Bu, matematiğe mahsustur. Matematik problemlerinde bir başlangıçtan kalkarız, derece derece neticeye ineriz. Fakat sosyal bilimlerde iş değişir. Tabiat sahasında usul "istikra"ya dayanır. İstikra sonuçtan "başlangıç"a çıkmak demektir. Anlıyor musunuz?

— Anlıyoruz.

— Anlıyoruz.

— Su gibi anlıyoruz.

— Pekâlâ; gürültü yok! Sosyal olayların ilmine "sosyoloji"

---

(1) İstidlal: Sonuç çıkarma. Tümdengelim.

(2) İstikra: Tümevarım.

derler. Bu ilim, sosyal ilimlerden sayılır. Demek bunda usul, istikra, yani "netice"den "bütün"e doğru çıkmaktır. Ben neden bahsediyordum. Yaz tatilinden! değil mi? O halde bu matematiksel bir olay değildir. Ya nedir? Şüphesiz sosyal, yani doğal bir olay! Pekâlâ demek ki sosyal ve doğal bir usulü takip etmem icap ediyordu. Eğer "beşikten mezara kadar" demiş olsam "mebdeden neticeye doğru" yürümüş olacaktım. Sözüm büsbütün cahilce olmazsa da tam ilmi bir içeriğe sahip bulunmazdı. Çünkü ben matematikten bahsetmiyordum. Onun için "mezardan beşiğe kadar" dedim. Yani sonuçtan başlangıca doğru yürüdüm. Reis Bey cahil olduğundan bunu anlamadı. Fakat ben onun cahilliğini affederim. Çünkü bu hal pek doğal, pek sosyal bir olaydır. İnsan ne kadar doğal kalırsa o derece cahildir. Bizde ne kadar doğallık varsa hepsi cahillikten gelir.

Bucakta terimlerin büyük bir anlamı vardı. Evvel zamanda nasıl ayet, hadis olmayan bir Arapça cümle müthiş bir kuvvete sahip ise bugün de –hatta hiç tarifine ihtiyaç gösterilmeyen– rasgele bir terim aynı korkunç, müthiş kuvvete sahipti. Kalbur samanda iken ayet, hadis olmayan bayağı Arapça bir cümlecik ile koca bir padişah, bir imparator nasıl kesilirse bugün de hakikatte manası olmayan atmasyon bir terim ile en ayrıntılı sorun halledilir, en meşhur bir adamın cehaletine hükmedilir. Yani manen kafası kesilirdi. Efruz Bey işte bu terim cellatlarından biriydi, münakaşaya girişti mi terimler atmaya başlar, bu atılan şeylerin karşısında kırk ikilik gülleler gibi hiçbir mantık, bilgi blokhavzı[1] dayanamazdı. Reis de artık söyleyeceğini bütün bütün şaşırmıştı. Ne cevap verecekti? Yapılan bilimsel tümevarım imiş! Ellerini ovuşturmaya başladı. "Evet bucaklılar, evet kardeşler... değerli arkadaşlarım" Yutkunuyor, fakat arkası gelmiyordu. Göğsünü hemen otuz santimetre daha kabartan

(1) Blokhavz: (ing. Blockhouse) Duvarlarında silah atmak için küçük delikler bulunan müstahkem yer, korugan.

Efruz Bey tekrar kürsüye vurdu:

— Ey Reis Bey özür dile bakalım.

— ...

Derin bir sükût! Bütün gözler kürsüden Reis Bey'e, Reis Bey'den kürsüye... Hiç ses, seda yok. Mağlubiyet müthiş! Ezici! Ani...

— Ey Reis Bey, özür dile bakalım.

— ...

Bucaklılar arasında tehditkâr bir fısıltı... "Ne demek! Dilemeli, dilemeli ya... Bu onur meselesi..."

Efruz Bey, reisin feci haline dayanamadı. Gayet alçakgönüllüydü. Bu alçakgönüllülüğü İstanbullular tarafından maskara edilen o gerçek asaletinden ileri geliyordu. Bir anda ataları, Kızıl Hanlar gözünün önünden geçti. Büyükbabası Tanrı kendinden daha küçük ilahları, oganları affetmez miydi?

— Sükût ikrardan gelir, diye haykırdı. Reis Bey sizi özür dilemiş olarak kabul ediyorum. Sıkılmayınız. Bir daha bir âlime itiraza kalkmayınız.

— Teşekkür ederim.

— Estağfurullah.

....

Yine bir alkış tufanı koptu. O gün celseye, toplantıya nihayet verildi. Bucak yaz tatilini reddetti. Temmuz, haziran aylarında da toplantılar olacaktı. Reis Bey bu kahkari[1] yenilgiden sonra Efruz Bey tehlikesini anlamıştı. Efruz Bey, duvara resmi asılmakla yetinecek bir tip değildi. İşte o zaman onun heykelini yaptırmak emeline düştü. Bu heykel eski çini taşlarının dökülmesinden oluşan bir sima ile yapılacaktı. Eni, boyu Türklerin mukaddes âdetlerine eşit olacaktı; eni beş, boyu dokuz metre...

Bunu işittiği zaman Efruz Bey'in monoklu tam on dört bü-

(1) Kahkari: Arkasını çevirmeyerek hep savaşarak dönme.

yük adım, yani beş ile dokuz metre ileriye fırladı.

— Ne?

— Bu, en büyük şan, en büyük şeref! deniliyordu.

— Ne?

....

Efruz Bey budala mıydı? Başını salladı. Alkışçıların yerden alıp kendine verdikleri monoklunu gözüne iyice yerleştirdi.

— Yaşayan adamın heykeli yapılmaz! diye haykırdı.

O aptal mıydı? Kurnaz reis onu sağken taş haline getirecek, donduracaktı. Ürktü, manevi, sebepsiz bir korku, soğuk bir ürperme rüzgârı gibi topuklarından yukarı yürümeye başladı. Safa ile Cefa masalında Cefa'nın nasıl taş kesildiğini hatırlıyordu. Önce dizlerine kadar, sonra göbeğine kadar, sonra boğazına kadar... Sonra...

— Yaşayan adamın heykeli yapılmaz.

Efruz Bey şiddetle bu şerefi reddetti. Bir an gözünün önüne heykeli geldi. Demek artık bucakta kendisi bir ziyaretçi derecesinde kalacaktı. Herkes gibi mahcupça girecek, yavaş yavaş heykeline yaklaşacak, herkesle beraber kendini seyredecekti ha. Bu ne korkunç bir durumdu! Öldükten sonra, ruhumuzun havaya uçarken bir kere dönüp yatakta kalan soğuk ve sarı nâşımıza yabancı bir gözle bakması gibi.

* * *

Efruz Bey, bucaktan yaz tatilini kaldırmayı başardıktan sonra haziran, temmuz, ağustos aylarında geceli gündüzlü konferanslarına devam etti. Bu konferanslara bucakta serbest dersler denilirdi. Bunlar birkaç seriden ibaretti.

Efruz Bey tamamıyla değişmişti. Bugün, dün söylediklerinin zıddını anlatıyor, yarın büsbütün başka fikirler ortaya atıyordu. Hareli bir kumaş gibi durmadan rengini değiştiriyor, ama belli iki üç renkten dışarı çıkamıyordu. Bucaklılar,

— Efendim, dün buyurmuştunuz, deyince,

— Evet, inkâr etmiyorum. Fakat bugün de böyle buyuruyorum, diye karşılık verirdi: "Dün gece okuduğum kitaplar fikrimi değiştirdi. Ben eşek miyim, sizin gibi daima bir fikir üzerinde ısrar edeyim!.."

İlk derslerde yeni dilcilerle eski dilcilere hücum ediyordu:

— Türkçe, Türkçe'dir, diyordu, birtakım türediler, (affedersiniz bucaklı kardeşlerim, bu türedi tabiri benim değil, en büyük bir Türkçünündür. Ben yalnız tekrarlıyorum.) evet birtakım türediler bir zamanlar ortaya bir iddia attılar. Gerçek canlı dil, konuşulan dilmiş! İstanbul Türkçesi imiş! Bu konuşulan doğal dille yazmak yeterli imiş! Düşününüz, böyle bir ihtimal kabul olunursa herkes yazar oldu demek! Herkes kalemi eline alınca yazmaya başlayacak! Fransızlar, Almanlar, Bulgarlar gibi... Ayrıca lügat öğrenmeye, kural öğrenmeye lüzum yok. Âlâ terkibî[1] vasfî,[2] vasf-î terkibîler.[3] Arapça, Acemce zarflar, edatlar, o güzelim kuraldışı çoğullar hep yok ha? Böylesi olmaz! Yeni dilciler işin kolayına gitmek isteyen birtakım tembel cahillerdir. Bir şey öğrenmesinler, kulaktan, hayattan öğrendikleriyle yetinsinler... Bununla beraber ben eski dilcilerin de aleyhindeyim.

Onların işi de, yeni dilcilerinki kadar değilse de, yine kolay... Âlâ kafiye sözlükleri... Koca koca vasf-ı terkîb-î, terkîb-î vasfî defterleri! Bir şey icap etti mi hemen defterlerini açarlar, parlak terkiplerden (tamlamalarından) her cümlenin içine birkaç tane atarlar. Al aşağı! İşte sana mükemmel bir eser... "nahüdayı hüda naşinas, ahkümekâr, nahcir, şiriyetken, yed-i ahenin" ilâ ahırıhi vel-baki ve gayrihim.

---

(1) Terkip: Tamlama.

(2) Vasf: Sıfat.

(3) Vasf-i terkîbi: Bir ad ile Farsça bir emir eklenerek yapılan sözcük.

Eski dilcilerin en âlimlerinden merhum Ahmet Şuayb'in mirası içinden büyük bir "Arapça, Acemce sentez" defteri çıkmıştır. Anlaşılıyor ki yazıları kendisi yazmadan birkaç sene evvel, Gaston Deschamps tarafından çalınıp "La Vie et les Livres" yani "Hayat ve Kitaplar" unvanı altında yayımlanan büyük âlimimiz o parlak terkipleri hep bu defterinden çıkarıyormuş. Diğer eski dilcilerin de böyle mükemmel, büyük terkip defterleri olduğu rivayet olunuyor. O halde meslek zannolunduğu kadar güç değil. Ben de, siz de pekâlâ yapabiliriz. Ne derin bir çalışma, ne sonsuz bir inceleme ister!.. Ah, hele o yeni dilciler... Bunların ismini anınca sinirlerim oynar. Söylendiği gibi yazmak kolaylığın adını "doğallık" koymuşlar. Halbuki sanat sunidir. Tabiatın gayridir. Haricidir. Her "doğal şey" adi demektir.

... Ders devam ettikçe bucaklılar "Yaşasın, yahut kahrolsun sözlük" diye haykırışırlardı. Efruz Bey'in dil hakkındaki fikirleri onlara pek yumuşak, pek bilimsel geliyordu: Asıl Türkçe, en eski Türkçedir!.. "Her dil kendi köklerinden değil, kullanımlarından oluşmuştur," genel kuralı reddolunuyor, "Her dil kendi köklerinden ibarettir," gerçeği kabul olunuyordu. Efruz Bey'e göre Türkçe'deki eklerin hepsi "edat"tı. Bunları artık serbest serbest kullanabilmeliydik. Mesela "eldiven" kelimesi... Buradaki "diven" bir edattı. Çoraba pek güzel "ayakdiven" diyebilirdik. Dile, hatta konuşma diline ne kadar Arapça, Acemce, Frenkçe kelimeler girmişse hepsi atılmalıydı. Türkçesi olmayan, Tatarca'dan, Moğolca'dan alınıp Türkçe eklerle birleştirilmeliydi. Mesela geceye tün, merkebe bingeç denmeliydi. Birkaç ders içinde Efruz Bey eklerle yüzlerce kelime uydurmuştu. Bucaklıların bunları kabul edip ezberlemesi kâfiydi. Sonra Efruz Bey bunu hükümete asıl resmi, milli dil diye kabul ettirecekti. Hükümet emreder etmez, bütün ahali bülbül gibi beş bin sene evvelki Kıpçak, Uygur Türkçesini konuşmaya başlayacaktı. Bucaklılardan biri,

— Bu mümkün olabilir mi? diye bir şüphe gösterince Efruz Bey taştı:

— Niçin olmasın? Sizin imanınız yok. Halbuki her işin başı imandadır. İnsan uçacağına iman etse serçe kuşu gibi uçar. Nitekim Aynaroz'daki papazlar uçacaklarına iman ettikleri için uçarlar. Hazreti İsa Efendilerinin yanına giderler. Halbuki ne kanatları vardır ne de uçkuçları...

— Ne efendim, ne?

— Uçkuç...

— Uçkuç ne?..

— Tayyarenin Türkçesi.. Hatta ben seyahatim esnasında Aynaroz'da bir papazın havaya uçtuğunu, şu size bakan gözlerimle, gördüm. Yemin ederim. Elinde tespihi vardı. Salladı. Derin bir haç çıkardı. Göğe baktı. Tıpkı bir esir[1] gibi yavaş yavaş havaya yükseldi. On dakika sonra havada bir sinek gibi görünüyordu. Yarım saat sonra bir nokta kadar bile görünmedi.

İşte orada siz imanın kuvvetini görmeliydiniz.

Şimdi siz de Türkçe'nin en eski Türkçe olduğuna iman ederseniz iş bitti demektir.

Bütün bucaklılar asıl Türkçe'nin en eski Türkçe olduğuna hemen iman ediyor, şehadet getiriyorlardı. Uygurca, Yakutça, Moğolca kelimeler havayı dolduruyor. Herkes beş-on bin sene evvelki lehçelerle şakıyordu. Anlama kimsenin önem verdiği yoktu. Fakat sesler sedalar oldukça ilkeldi. Eğildi, kürsünün yanında bir grubun konuşmasına dikkat etti. Pek hoştu:

— İskacı itgam mağay?

— Tangırgiz garcudağez..

— Minkir taçgam orakza minkülati.

— Atılbik kişinin tura kütardilar.

---

(1) Esir: Atomlar arasındaki boşluğu ve bütün evreni sardığı varsayılan, ağırlığı olmayan, ısı ve ışığı ileten öz. Cevher.

— Tışka çıkalgım.

— Tukima birsayı nodon birla tüzletim.

....

İşte Türkçe buna derler. Efruz Bey hemen kürsüden atladı. Arzu ettiği eski Türkçe'yi konuşan bucaklıların ellerini sıktı:

— Kut itargam, kut itargam.. (tebrik ederim, tebrik ederim.)

Boyunlarına sarıldı. Hepsini öptü. Öyle yanık bir milliyetçiydi ki milliyetin bu ani, bu mucizevi görüntüsü ona inci gibi gözyaşları döktürdü. Ağlıyordu. Evet, demek ki herkes hiç olmazsa her bucaklı asıl dilini biliyormuş! Tarihi Türk grameri hepsinin sinesinde gömülü imiş!. Henüz kendisi "z"lerin (s), "e"lerin (g) olduğunu, yirmi sekiz harfin asıl esası "ga, gu, ti, giz, yiğ, gaç" hecelerinden, türemiş olduğunu anlatmamıştı. Ama buna gerek var mıydı? Pekâlâ doğru olarak konuşuyorlardı. Tekrar kürsüye fırladı. İki yumruğunu birden sıraya vurdu. Çıngırağı kaptı. Hızlı hızlı salladı. Asıl eski Türkçe fırtınasının çakıllı çukullu gürültüsü dinince aynı dille,

— Buğcağlılar! dedi.

Fakat bucaklıların hepsi lafını anlamadı. Bunu pekâlâ sezdi. Çünkü kendi daha eski, gayet eski bir şive ile söylüyordu. Bir kere de bugünkü İstanbul Türkçesiyle tekrarladı:

— Bucaklılar! Şimdiden sonra derslerimize bu eski Türkçe ile devam edeceğiz. Yarına kadar hepiniz bilmediğiniz sigaları, lügatları öğrenmelisiniz.

Zavallı bucaklıların hepsi, hatta o gece, tıpkı Efruz Bey'in incelemelerini yaparken sarf ettiği çaba gibi insan üstü bir kuvvet, bir dikkat sarf ederken yüz binlerce kelime, siga falan öğrendiler. Fakat yazık ki bu korkunç zahmetleri pek boşuna gitti. Çünkü ertesi akşam Efruz Bey değişmişti. Dün geceki basit fikri bu akşam buluşunun en üst düzeyini geçmişti.. Kürsüye çıkınca alışıldığı gibi:

— "Yaşayan değişir" gerçeğini savurdu; evet bucaklılar, ben sizden ayrıldıktan sonra dün gece ölmedim. Yani uyumadım. Yaşadım. Yani okudum. Tamam yüz yirmi cilt kitap okudum.

Arka taraflardan,

— Anlamıyoruz, anlamıyoruz. Türkçe söyleyin! itirazları işitildi.

— Pekâlâ anlarsınız. Şimdiye kadar eski Türkçe ile konuşmuyordunuz ya? Bu akşam onu size söyleyeceğim ki asıl köklerinden oluşmuş beş bin sene evvelki Türkçe, tasfiyecilerin ülküsü olan bu yüce dil artık bugün konuşulamaz. "Niçin" diye soruyorsunuz?

Karakterleri, kendini gösteren özellikleri "iman, inanç" olan bucaklılar yine hiç seslerini çıkarmadılar.

— Sormuyorsunuz, susuyorsunuz. Ama ben size söyleyeceğim. Niçin? Çünkü asıl Türkçe basittir. "Basit" gerçek olamaz. Hayaldir. Gerçek mürekkeptir.[1] Öyle ise gerçek olabilecek dil mürekkep olan dildir. Biz fevkalade mürekkep bir dile taraftar olmalıyız.

— Evet, evet...

— Bu çok doğru...

— En doğrusu buydu...

— Yaşasın Efruz Bey!

— Varolsun...

— ...

Ve ilah...

Şimdi bütün bucaklılar "oluşmuş dil" taraftarı idi. Efruz Bey fahri talebelerinin bu eğilimlerini keşfettiği için sevindi. Mürekkep Türkçe için bütün ilkeleri birkaç derste anlattı. Yine önce yeni dilcilerden ayrılıyordu. "Onlar her ne kadar şimdiye kadar dile girmiş Arapça, Acemce, Frenkçe kelimelerin kal-

(1) Mürekkep: (Metinde) Birleşik sözcük.

masından yana ise de Türk harfinin dışındaki yabancı kuralları kabul etmiyorlar. Milli Türk harfinin tamamiyetini istiyorlar. Halbuki bu da bir açıdan basitçilik sayılır," diyordu. Onun fikrince Türkçe, "Arapça, Acemce, Frenkçe, Almanca, Rumca, Latince" dillerinden oluşmuş mükemmel bir dil olmalıydı. Atalarımız Arapça, Acemce kuralları çok kullanmışlardı. Her ne kadar bunlar konuşulan dile geçmemişse de hükümet şimdiden sonra gayret ederek, halkı zorlayarak pekâlâ geçirebilirdi. Fakat bu Arapça, Acemce kurallar Türkçe kelimelerde de kullanılmalıydı. Mesela "evimin kapısı" denecek yerde Farsça kuralıyla "kapıyı evim" denmeliydi. Sonra Türkçe'ye birçok Frenkçe kelimeler de girmişti. Bu zavallı kelimeler için hiç olmazsa lütuf makamında birkaç Fransızca gramer kuralını kabul etmemek en büyük bir haksızlıktı. Öyle ya, Arapça, Acemce kurallar vardı. Niçin Frenkçeler için olmasın? Mesela niçin "istasyon direktörü" denilmeliydi? "Direktör dö stasyon" en haklı, en mantıki bir söylemdi. Hem de "dö" edatı Farsça "i" edatından daha kullanışlı bir bağ edatı idi. Hokka-i gülbeşeker"[1] diyecek yerde "hokka dö gülbeşeker" demek daha iyi değil miydi?

... Efruz Bey, dile ait son verdiği dersten sonra kâtip tarafından yapılan "compte rendu"ye[2] baktı. Şu idi:

1. Türkçe, esasen Arapça, Acemce, Frenkçe, Almanca, Latince, Rumca'dan oluşmuştur. Diğer dillerden kelimeler de alabilir.

2. Türkçe'de aslen Türkçe olmayan bütün yabancı kelimeler kendi milli gramer kurallarına tabidir.

3. Arapça, Acemce, Frenkçe, Almanca vd... çoğul tamlama kuralları aslen Türkçe olan kelimelerde de kullanılır; misal:

---

(1) Gülbeşeker: Gül çiçeği ve şeker ile yapılan macun kıvamında bir çeşit reçel.

(2) Compte rendu: Rapor, tutanak.

Elmasunül karım – Karımın elmasları.

Atan kırmızı – Kırmızı atlar.

Le vazife dö me biraderler – Biraderimin vazifeleri vd...

4. ... Yabancı edatların hepsi, özellikle Fransızca "ya-yı nispet" Türkçe kelimelerden kullanılır, pek güzel yeni sıfatlar oluşturulur. Örnek: "Hayalî, ezelî, edebî, ilmî" gibi "güzelî, çirkinî, hüzî, dikî, inişî, yokuşî" denilir. Eski lisanla: "Ziraî, mimarî, irfanî, terakkıyat-i âmeliyemiz gayri kabil-i redd-i inkârdır" demek mürekkeptir. Ama az mürekkeptir. Türkçe kelimelerle de bu mürekkepliği muhafaza edebiliriz. "Ekinî, yapıî, bilgiî ilerlemeiyat-ı yüksekiyemiz gayri kabili yok demek ve reddetmektir."

Efruz Bey:

— Tam işte bizim gelecekteki dilbilgimiz! diye haykırdı, fakat dört madde. Bu sayı mukaddes değildir, bir madde daha lazım... yazınız:

Kâtip kâğıdı aldı. Dinleyenler son maddenin ne olacağı için hep kulak kesilmişlerdi. Efruz Bey yavaş yavaş, tane tane söyledi:

"Madde beş: Yukardaki maddeleri gerek konuşurken, gerek yazarken, gerek okurken bütün millet tatbik etmeye memurdur."

Yine bir alkış tufanı... bir alkış tayfunu, bir alkış zelzelesi, hayır, bir alkış kıyameti... Hemen herkes bu beş maddeyi yazdı. Hemen bu maddelere göre konuşmaya başladılar. Efruz Bey'in "yayı nisbeti" Türkçe kelimelerde de kullandırmak eskiden beri en birinci amacıydı. Bunun için aylarca propaganda yapmış, yorulmamış, bıkmamıştı. Bu fikrini ne yeni dilciler ne de eski dilciler kabul ediyordu. Sonunda bugün işte dersinde bunu herkese kabul ettirmeyi başarmıştı. Bucaklıların tümü iki üç yüzü geçmezdi. İstedikleri şeyi millet namına kabul ederler, kendileriyle beraber aynı fikri herkesin kabul ettiğine samimi bir iman ile emin olurlardı. Efruz Bey de bir bucaklı gibi aynı düşüncede idi.

Tasfiyecilikten, dildeki basitçilikten, "en eski Türkçe" taraftarlığından bir gece içinde böyle son derece mürekkep, karışık bir mürekkepçiliğe dönen Efruz Bey'in edebiyata dair verdiği dersler gerçi daha ilmi, daha mükemmeldi. Ama mürekkep bir lisanla söylenilmişti.

Ancak bucaklılar anlayabiliyordu. Hariçten birisi işitse mümkün değil neden bahsolunduğunun farkına varamazlardı. Efruz Bey yine kürsüye çıkar çıkmaz,

— "Yaşayende der tebeddül ederest" gerçeğini savunur, sonra monoklunu güzelce gözüne yerleştirirdi; edebiyat bir gayet ter güzelest ol bir cihanı bidibest. Senbolizmiyat, kılâsike-i eskiyan ve sairun pek karma karışıkiyeti harikulâde ve lâhavarz eder, elhak, ammaki bu dahi bir yamanlıkıyet, bir faikiyettir ki edebiyatı diğer budun anda bulunmayan bir yed-i yesarı irfan sayılır. Hatta... Cebel-i esved padişahı Nikolay Amimüşşim vaktiyle yazdığı piyes-i merkâımerkte, ilâh...

Bu dersler, dil derslerinden daha çok sürdü. Efruz Bey ilerlemenin, yükselmenin ancak geriye dönmekle mümkün olabileceğini ispat ediyordu. Nedim, Baki, Nef'i opera haline getirilmeliydi. Hele "Nailî-i Kadim!" "Bu bir ilahtır," diyordu. Her gazelinden bir trajedi çıkabilirdi. Süruri ile Aristofanes arasında ilişkiler buluyor, Sully Prodhomme'un, eserini Ahmet Neylî'den çalmış olduğunu meydana çıkarıyordu. Efruz Bey'in edebiyattaki bu derin bilgisi herkesi hayretler içinde bıraktı. Vezin[1] meselesinin halli, artık tamamıyla ona kalmıştı. Eski dilciler Acem aruzu, yeni dilciler milli aruz taraftarıydı. Efruz Bey "tarz-ı benan" dediği parmak hesabından nefret ederdi. Eski dilcilerin "efail tefail"ini de kabul etmeyi kibrine yediremiyordu. İkisinin haricinde bir şey... öyle bir şey ki ne Acem aruzu,

(1) Vezin: (Ed.) Ölçü.

ne de parmak hesabı! Daima,

— Arıyorum, hem buldum. Bunu size bir gün göstereceğim, derdi.

Bu iki durum dışındaki icadını bucaklılar çok beklediler. Fakat Efruz Bey göstermedi. Hain düşmanlar bozguncular,

— Elkimya, elkimya, bu olacak şey değil.. diyorlardı.

O umutsuz olmuyor, "bulduğunu söylediği şeyi" bulmaya çalıştıkça önceden olan bilgilerini de kaybediyor, tıpkı –Türkçe'de yedi yüz sene evvel ilk defa Acem aruzunu sokmaya çalışan Sultan Veled gibi– bahri remel vezinleriyle şiirler yazıyor, müzedeki Asurî tabletleri kadar "taze ve körpe" yenilikler gösteriyordu.

* * *

Fakat Efruz Bey'in asıl ilmi, serbest tarih derslerinde belli oldu. Bucaklılar, ulema, edebiyatçılar, yazarlar, bütün Türkiye, Avrupa'daki bütün Doğu bilimcileri derin bir hayrete düştüler. Pastör nasıl tıbbı değiştirmiş ise Efruz Bey de şimdiye kadar bilinen tarihi öyle değiştirmişti. "Yaşayan değişir!" demek bu canlı bir tarihti! "Amasya Tarihi" yazarı pek eski zamanlara ait sandığı masallarının daha dünkü olaylar olduğunu anladı. Efruz Bey Türklerin Amerika'dan geldiklerini ispat ediyordu. Yaradılıştan biraz sonra büyük bir deprem neticesi olarak Amerika Asya'dan ayrılmıştı. Yalnız Kamçatka bir köprü gibi kalmıştı. Türkler işte bu toprak köprüden geçmişler, tarihin haber verdiği devletleri kurmuşlar, savaşlar yapmışlardı... Bütün bu derin tarihin devirlerini cam akisleriyle gösteriyor, bir satırda en aşağı on terim kullanıyordu. Herkes anlayamıyordu. Fakat dinliyorlardı ya... Bu yeterliydi. O, terimlerine devam ediyordu. Zoolojik, jeolojik... vb., hep Latince kelimeler... Ne yapalım. Henüz bizim dilimiz ilme tercüman olamazdı!

Efruz Bey o hatırdan çıkmaz tarih dersleriyle anlattı ki biz Türk değiliz; asıl Türk olanlar Amerikalılardır. Tarihte bazı milletler vardı. Dillerini kaybettikleri halde, hatta bazen milli dinlerini de değiştirdikleri halde milliyetlerini muhafaza ediyorlardı. Mesela Yahudiler... Dillerini kaybetmişlerdi. Bugün Yahudilik bakiydi. Asıl Türkler, yani Amerikalılar dillerini kaybetmişlerdi. Bugün İngilizce konuşuyorlardı. Fakat milliyetleri bakiydi. Bu milliyet öyle bir şeydi ki şuurlu olmasına ihtiyaç yoktu.

Bu tarihi keşif, ilim âleminde gerçekten büyük bir gürültü yarattı. Efruz Bey ressam Dersimi'ye yaptırdığı "asârıatika"[1] resimlerinin fotoğraflarını gösteriyor, duvara aksettiriyor, hiç kimsede şüphe bırakmıyordu.

Efruz Bey tarih derslerine son verirken şu sözleri ilave etmişti:

— Bucaklılar! Ahmet Mithat Türkiye'de saltanat hanedanından başka Türk olmadığını ispat ettiği halde yine Afrika zencilerinin Türk olduklarını meydana koymaktan geri durmamıştı. Amasya Tarihi yazarının buluşları da az değildir. Necip Asım Bey'i de unutmamalı. Yazar –Ahmet Refik Sümer, Akad ve Hititlerin Türk olduğunu, diğer milli bir kurumda anlattı. Fakat benim bulduğumu kimse bulamadı. Ben Amerikalıların Türk olduklarını buldum!.

* * *

Efruz Bey'in şöhreti bu serbest derslerle o kadar büyüdü, o kadar büyüdü ki bucağın bacalarından taştı. Bütün şehre, bütün memlekete, bütün dünyaya yayıldı. Güney Amerika gazeteleri bile resimlerini bastılar. İstanbul'da artık onun resminin bulunmadığı yer yok gibiydi. Bütün fotoğrafhanelerde ayrı ayrı vazi-

(1) Asârıatika: Eski yapılar, eski eserler.

yetlerde resmini çektiren Efruz Bey pazarlıkta daima şu şartı tekrarlardı: "Fakat resmim üç sene vitrininizde duracak!" Fotoğrafçı bunun sebebini anlamayıp yüzüne bakınca hiç aldırmaz, devam ederdi:

— Bu şart niçin? Biliyor musunuz? Fotoğrafımı iyi yapman için bir garanti... Çünkü kötü yaparsan camekânına asamazsın. Bundan başka...

— Bundan başka, fazla bir para da vereceksiniz tabii...

— Hayır canım; fazla para değil. Sen benim kim olduğumu bilmiyorsun? Meşhur adamların resimleri fotoğrafçılar için bir "reklam" sayılır. Herkes. "Madem ki bu büyük adam fotoğrafını burada çektirmiş, burası usta bir sanatkâr atölyesi olacak!" der. Hemen resmini çektirmeye karar verir. Hatta siz benim gibi meşhur adamların resimlerini bedava çekip kartpostal yapmalısınız.

Efruz Bey lafını uzatır, fakat fotoğrafçının merak edip hâlâ ismini sormadığını görünce dayanamazdı:

— Azizim siz beni tanıyor musunuz?

— Hayır efendim.

— Ciddi mi söylüyorsunuz?

— Pek ciddi.

— Beni tanımıyorsunuz ha?..

— ...

Hayretler içinde kalırdı. Gazeteler okunmuyor, resimli dergilere bakılmıyor muydu? Gerçekten insanların hayvanlığına nihayet yoktu. Yaşadıkları memleketin en meşhur simalarını tanımıyorlardı.

— Ben Efruz Bey'im...

— Pekâlâ.

Pekâlâ ha... ne hayret, ne hürmet... Hiçbir şey! Efruz Bey meşhurluğunu uzun uzadıya anlatır, dünyada kendisini bilmeyen bulunmadığını söyler, fakat fotoğraf ücretini on para aşağı indiremezdi. Tam tersi kapının yanındaki camekâna konulması için fazla bir ücret, kira gibi fazla şey de verirdi. Daha kendisi şöhret kazanmadan evvel büyük, olağanüstü filozof doktor Rıza Tevfik'i çok kıskanırdı. Çünkü nereye gitse, hangi kitabı, yahut gazeteyi açsa hangi fotoğrafhaneye girse onun resmini görürdü. "Ah, benim de resimlerim böyle her tarafa asılacak mı?" diye içini çekerdi. Fakat işte o da beş altı senedir Rıza Tevfik gibi şöhret kazanmış, genel, evrensel, maddi, ilmi, fenni bir şöhret kazanmıştı. Fotoğrafçılarla yaptığı "kombinezon"lar sayesinde her fotoğrafhanede büyütülmüş bir resmi girene çıkana, gelene gidene gülümserdi. Sağında, solunda en aşağı yarım düzine yerli "dâhi" resmi bulunurdu. Efruz Bey'in de onlardan aşağı kalır yeri yoktu. Onlarla eşitti. Belki... biraz daha onlardan yüksekti. Beş altı sene kadar az bir zaman içinde kim kendi gibi yasal, gerçek bir şöhret kazanmıştı? Hele son günlerde doğal hacminden dört misli büyüklükte bir resmi bütün İstanbul'un duvarlarına yapıştırılmıştı. Bu, bir ilandı. Öyle bir ilan ki Amerika'da bile eşine rast gelinemezdi. Dört metre boyunda, iki metre eninde çarşaf kadar bir kâğıt:

"GAYET MÜHİM BİR EDEBİYAT MÜJDESİ
BEKLEMEYİNİZ, DURMAYINIZ, ALINIZ!"

Acaba yeni bir sinema mı diye bakanlar tek gözlüklü, başı açık, ablak çehreli bir resmini görürler, birden bire ne Rigaden'e, ne de Maks Linder'e benzetemezlerdi. Bu, Efruz Bey'in resmi idi. Yaklaşırlar, altındaki şu ayrıntıyı okuyunca işi anlarlardı:

"Memleketimizin en büyük edebiyatçı ve yazarı tarihçi, ünlü allâme-i bimedanî, muharrir-i bilmisil Efruz Beyefendi Hazretleri tarafından keşide-i silk-i tahrir buyurulan bu eser lisaniyat, bediiyat, edebiyat, hayvaniyat, hayatiyat, nebatiyat, pedogojiyat.. ilâh.. ilimlerinden bahseder. Bu kadar esaslı bahisler ancak yüz yirmi sayfa içinde mükemmelen tafsil edilmiştir. Beş kuruştur. On birinci tab'ı yani dört yüz elli bininci nüshası basılmaktadır. Acele ediniz alınız. Sonra bulamayacaksınız..."

Bu ilanın küçük kıtada örnekleri, yine resimli olarak, Babıâli'de her kitapçının camekânına perde olmuştu. Gerçekten bir hafta içinde İstanbul'un bir milyon ahalisi içinde Efruz Bey'in resmini görmeyen yüz kişi kalmamıştı. Cami duvarlarından viraneliklere, mahalle kahvelerinden en büyük gazinolara, bulvarlardan en çıkmaz sokaklara kadar bu "resimli müjde-i edebî" çarşafı yapıştırılmıştı. Efruz Bey'in bu mühim eseri iki ay içinde satıldı. Ancak Hamiyet kütüphanesinin mahzenlerinde "bin dokuz yüz elli" nüsha kalmıştı. Eserin tab'ı tarihinden üç ay geçmeden kütüphane sahibi Acem bu "bin dokuz yüz elli" nüshayı bir kâğıtçı Yahudi'ye okkası iki kuruştan satmıştı. Babıâli'nin helvacıları, bakkalları, manavları hep sattıkları şeyleri Efruz Bey'in eserine sarıyorlardı. Bunu hakaret sayan arkadaşları Efruz Bey'e bu münasebetsiz hali anlattılar:

— Sanki eserini dört yüz elli bin defa niçin bastırdın? diye itiraz edecek oldular.

Efruz Bey başını salladı:

— Bunda bir düşmanlık var. Benim eserimden hiç kalmamış, hepsi satılmıştı. Düşmanlarım namımı kirletmek için bir plan yapıp tekrar bastırmış olmalıdırlar. Hem malum ya insanlar kötüdür! Kötülüğün önüne geçilmez. Bu bir kanun, doğanın kanunu!.. Allah belasını versin. Hayır, hayır vermesin. Benim neme lazım...

Ah bu ne felsefe, ne yüce felsefeydi! Büyük Efruz hakarete, gareze de aldırmıyordu. Ancak arkadaşları onun gibi mütevazı bir filozof değildiler. Kendine haber vermeden intikamını almaya karar verdiler. Önce bu münasebetsiz tecavüzün nereden geldiğini anlamak lazımdı. "Hamiyet" kütüphanesine gittiler. Zebani gibi bir Acem karşılarına çıktı:

— Ne istersüz? Böyle meclisle gelüpsüz? diye kabardı. Hepsinin hiddeti gözlerinden belli oluyordu. İçlerinden en soğukkanlısı işi anlattı. Acem çürük dişlerini göstererek gülüyor, kahkahayı atıyor, ellerini oyluklarına vuruyordu:

— Ne diyorsuz? Dört yüz elli bin nüsha ha... Bunu size kendisi söylemüştür ki?

— Evet, ilanlarda yazıyor...

— İlanları kendüsü yazmış, kendüsü basturmuştur. Biz kitaptan iki bin nüsha basup otuz beş nüshayı yazar hakkı olarak kendine vermüşüz. Amma Perverdigâr bilür, üç ay içinde tamam on beş tane satabilmişüz. Ne yapalım? Sonra geri galan bin dokuz yüz elli nüshayı kesekâğıdı yapmak için Yahudi'ye satmaya mecbur olmuşuz.

... Efruz Bey arkadaşlarının teşebbüslerinden haber almamıştı. Bucakta, gazinoda, özel yerlerde o kadar çok basılan eserlerinden piyasada ancak bin dokuz yüz elli nüsha kaldığına iftihar edip duruyordu. Eserindeki fikirler o kadar parlak, o kadar bariz gerçeklerdi ki, henüz şimdiye kadar hiç itiraz eden olmamıştı.

Şöhreti arttıkça artıyor, büyüdükçe evreni kaplıyordu. Bucakta her türlü meseleyi ona sormak âdet olmuştu.

Mesela bazı gün Bucaklılar:

— Efruz Beyefendi şiir nedir? Bize anlatınız, derlerdi.

Efruz Bey hemen:

— Gayet basit!.. diye başlardı; size ilmi bir lisanla anlatacağım: Şiir görüştür. Hissettiğini, hiç olmazsa bir kişiye olsun hissettirmektir. İşte size psikolojik bir misal: Sigaranızı yakınız, elinize dokundurunuz. Cızz... "Ah" dersiniz. İşte bir acı duydunuz. Şimdi bu sigarayı sevgilinizin yanağına dokundurabilir misiniz? Cızz... Bu sefer o "Ah" diyecektir. İşte demin duyduğunuz acıyı başkasına da hissettirdiniz. Bu da asıl şiirdir.

Hayır, hayır, artık cehalet zamanları geçti. Şiir "mevzun-ü mukaffa söz"[1] değildir, dikkat ediniz, diye ağzını açar, saatlarce kapamazdı. Bucaklılar içinde bazı ilim, bilgi açgözlüleri o konuşurken not tutmak isterlerdi. Efruz Bey buna çok kızardı. "Ben yazar, sonra size veririm. Siz not tutmayın, yalnız dinleyin" derdi. Hayvanın boynuzundan, insanın sözünden tutulacağını bilirdi. Herhalde bu, yuları ele vermemek hikmete uygundu. Söylenen söz havaya kaçardı. Efruz Bey bunda çok cesurdu. Ancak yazmaya gelince... Bundan korkardı. Kendisi de bilirdi ki bugünkü şöhretini bu korkuya, bu "açıkgözlülüğe borçlu idi. Söylediklerini yazdırsaydı şimdiye kadar ne başka yorumlar, ne itirazlar, ne ihtiraslar, ne düşmanlıklar doğacaktı! Şöhretin yolu "şifahi bir kehkeşan"[2] idi. Yoksa "yazısı uçurumlardan aşan bir keçiyolu" değil... Hatta eserinin son kalan bin dokuz yüz elli nüshasının kesekâğıdı yapmak için Yahudi'ye satıldığı gerçeğinden de için için memnun oluyordu. Artık itiraz için kimse bulup okuyamayacaktı. Yalnız "harf meselesi"ne dair söylediklerinin not edilmesine müsade ederdi. Ona kim itiraz ederse etsin, korkmazdı. Hakkından emin idi.

— Harflerimiz mi? derdi, bunlarda hiç kararsızlığa gerek yok; Milaslı'nın harflerini kabul etmeliyiz. Yalnız biz değil, Avrupa, Afrika milletleri de kabul etmeli. Çünkü Milaslı ilmen, fennen Arap, Latin harflerinin sağlığa aykırı olduğunu itiraz götürmez bir surette ispat etmiştir. Bu yeni harflerin mucidi, gerçekten büyük bir dâhidir!

Bucaklılardan, örneğin birisi,

— Dâhi diyorsunuz, fakat kimse onun teklifini kabul etmemiş, kimse onun harflerini yazmamış, yalnız kendisi meşgul... diyecek olursa Efruz Bey:

— İyi ya, diye yine Milaslı'nın dâhiliğini ispat ederdi; Ab-

(1) Mevzun-ü mukaffa: Kafiyeli, vezinle yazılmış söz.
(2) Şifahi kehkeşan: Sözlü samanyolu.

dülhak Hâmit ne? Bir dâhi değil mi? Söyleyiniz, buna itiraz eden var mı? Hayır, yok, değil mi? Pekâlâ...

Abdülhak Hâmit niçin dâhi? Onun vasıflarını arayalım. Bu kişinin eserlerini kimse okumaz, kimse anlamaz. Ahaliden kimse Hamit'in eserlerini okumamıştır. Okusa da tabii anlamaz. Hamit'in eserleri öyle "La Dame aux Camélias, Manon Lescault, Rafael filan" gibi halka mahsus yazılmış adi şeyler değildir. Tiyatrolarına gelince kimse yine bir şey anlamaz. Hâmit öyle Shakespeare, Molière gibi adi, aşağı bir piyes yazarı değildir ki eserleri sahnede anlaşılsın, alkışlansın. Hâmit'in dâhi olduğuna sebep eserlerinin hiç yokmuş gibi hiç kimse tarafından tanınmamasıdır. Yalnız edebiyat yazarları, birkaç şair dostları, sevenleri bilir. Bir dâhiye "âmme"[1] olarak on beş kişi çoktur bile.. Milaslı'nın sıhhi, nefis harflerini de bütün büyük adamlar kabul etmişlerdir.

"Herkes" denilen bu cahil halkın ne önemi var? Milaslı dâhidir, harflerini kabul ettiklerine dair Arap, Türk bütün büyük adamlardan birer senet, birer imza almıştır. Cenap Şehabettin, Abdülaziz Çaviş, Halit Ziya gibi birçok "yarım dâhi"ler de harflerinin en doğru, en mükemmel harf olduğuna dair Milaslı'ya imza vermişlerdir. İcadını herkesin kabul etmediği, herkesin anlamadığı içindir ki Milaslı dâhidir.

Efruz Bey'in bu takdirinden Milaslı pek çok yararlanmış bizzat gelmiş, konuşurken bucakta notlar tutmuştu. Tramvaylarda, köprüde, vapurda, dairede, sokakta, caddede, çayırda, mesirelerde, garda, gazinoda, herkese bedava dağıttığı broşürlerinin başında Arap harfleriyle yazılmış "Euzübillâhi mineşşeytanirracim, bismillâhirrahmanirrahim" ibaresinin altına Efruz Bey'in şu beyanatını kendi iri harfleriyle ilave etmişti:

"Huruf-i cedide-i munfasıla-i[2] Milasiye dünyanın en sağ-

---

(1) Âmme: Halk, kamu, genel, herkesle ilgili.

(2) Huruf-i cedide-i munfasıla: Alttan bitişmeyen yeni harfler.

lıklı, göz ağrılarını geçirir mucizevi harflerdir. Bu harfler sayesinde yalnız Türklük, İslamiyet değil; insanlık, Hıristiyanlık bile kurtulacak, Latin harflerinin sebebi yegâne olduğu cehalet, sönmez nurlara yerini bırakacaktır."

Efruz Bey'in şöhreti arttıkça, şahsiyeti güneş gibi bütün fikirlerin, bütün hislerin üzerinde parladıkça kıskançlık denilen o korkunç volkan da etrafında derin derin uğultular, homurdanmalar, depremler meydana geliyordu. Bucağın bu dâhi hatibini düşündürüyordu. Onu en çok kızdıran şey, serbest derslerine devam ede ede birkaç söz öğrenmiş genç yeni Bucaklıların kendini kıskanmaya kalkmalarıydı. "Bunlar kim oluyor?" diye dişlerini gıcırdatırdı. Edebiyata dair bütün bilgilerini kendinden almamışlar mıydı? Ondan evvel Bucakta Homeros, Virjil, Aristofanes, Pan, Temistoklis, Paul Fort isimlerini kimse biliyor muydu? Sembolizm, natüralizm, romantizm, karmakarışıkizmin (Eklektizm karşılığı. Bu tâbiri bizzat Efruz Bey bulmuştu) ne gibi mezhepler olduğunu reis bile bilmiyor, o anlatırken alık alık ağzını açıyordu. Hele Rabelais, bu büyük adamın ismini şehir ismi zannedip haritalarda arıyorlardı. İşte o kadar şeyler öğretti ki şu Bucaklılar şimdi sıkılmayarak onu kıskanıyorlardı. Ona itiraz ediyorlar, onu çekiştiriyorlar, onun aleyhinde bulunuyorlardı. Gerçi onun şöhreti artık yıkılmaz bir derecede idi. Ah keşke heykelinin yapılmasına müsaade etseydi! Fakat yine önem vermiyordu. Meşrutiyeti ilan ettiği zaman üç dört günde yükseldiği mevkiden birdenbire nasıl düştüğünü hatırlayınca azıcık daha ödü kopacaktı. Toplumun daha tanınmamış birçok kanunları vardı. Bu toplum öyle berbat bir şeydi ki dün peygamber diye göklere çıkardığını yarın indirir, çarmıha gererdi. Hiçbir şeye güvenmemek en doğru bir hikmetti. Nihayet bir gün reis kendisine,

— Efruz Bey, idare heyeti karar verdi; vereceğiniz dersleri evvela yazıp bucağa göndereceksiniz. Ancak heyet onaylarsa verebileceksiniz, dedi.

Bu adeta bir aşağılamaydı. Efruz Bey dudaklarını ısırdı. Bir dakika düşündü. Tek gözlüğünü çıkardı. Başını kaşıdı. Dersleri evvela yazmak...

— Vereceğim dersi yazdıktan sonra artık gelip onu okumaya ne lüzum var? dedi. "Siz kürsüye çıkın okuyun."

Bu serzenişteki manayı anlamayan reis:

— İdare heyetine arz edeyim, nasıl uygun görürlerse öyle yapılabilir.

— Ya?..

— Evet..

"İdare heyeti" ha?.. Efruz Bey başını salladı. İçini çekti. Önce kızardı. Sonra sarardı. İdare heyeti kimdi? Kendi şöhretini çekemeyen, aleyhinde birleşmiş birkaç kişi değil mi? Maksatları ona yazı yazdırmaktı. Onun elyazısını ele geçirdikten sonra kim bilir neler yapmayacaklardı. Fakat Efruz Bey yazının şöhret için en büyük bir tehlike olduğunu bilmiyor muydu? O, bu kadar yüksek şöhretini yazmakla mı kazanmıştı? Hayır, konuşmakla... Pek büyük bir şair olduğu halde şiirlerini yazmaz, Homeros zamanındaki gibi yalnız söylerdi. Hayır, hatta şiirini bile söylemez, yalnız şiiri olduğunu söylerdi. Şimdi onu faka bastırmak istiyorlardı. Fakat soğukkanlılığı bozmamak lazımdı. Hiç renk vermemeli, bu zor mevkiden uygun bir kurnazlıkla kurtuluvermeliydi.

— Pekâlâ, pekâlâ, dedi. Ben de zaten derslerimi yazmak, kitap şeklinde çıkarmak niyetinde idim.

Ertesi günü hastalandı, bucağa gitmedi. Her şeyi tadında bırakmalıydı.

Meşrutiyetin ilanında ikinci, üçüncü günler o kadar ileri gitmeseydi şimdi vekil değilse bile bir gün en azından bir milletvekili, yahut, yahut... herhalde işte bir "quelque chose"[1]du.

(1) Quelque chose: (Fr.) Bir şey.

Şöhretinin çokluğu siyasi sükûtuna en önemli bir sebep olmuştu. İlmi, edebi şöhretini de zıvanasından çıkarmamak lazımdı. Hayat ne dehşetli bir okuldu. İnsan bu okulda bir yaprak, bir sayfa açmadan ciltlerin, kütüphanelerin öğretemeyeceği ilmi kazanırdı. Evet, artık bucaktan çekilmek icap ediyordu. "İtiraz, eleştiri" başladı mı en sağlam en müthiş, en granit kuvvetler bile bahar sabahlarındaki nazik kırağı tabakası gibi birkaç saniye içinde eriyebilirdi. Şan, şöhret yolunun kapısı yalnız bucak mıydı?

Hayır, hayır... Hem bu kadar kalabalık bir kapı! İyi olduktan sonra (ama hangi hastalıktan?) bir gün bucağa uğradı, reis gördü.

— Derslerinizin müsveddelerini mi getirdiniz Efruz Bey?

"Ah hain ah... Nasıl kapan da kaçan mı?" Efruz Bey enayi miydi? Meşrutiyet ilanı gibi en buhranlı dakikalarda otuz sekiz kırk milyonluk bir devleti mükemmelen idare etmiş bir adam bir maymuna aldanır mıydı?

— Yazdım, fakat getirmedim, dedi.

— Vah, vah!.. Niçin efendim?

— Çünkü...

... Efruz Bey, kendisinin kıskanıldığını, böyle küçüklüklere tahammül edemeyeceğini, artık şimdiden sonra yüz binlerce lira verseler bucakta gelip bir kelime söyleyemeyeceğini anlattı!

— Ben çok samimi idim, beni anlamadılar, dedi. Beni kıskandılar. Zannettiler ki şöhret peşinde geziyorum. Hâşâ... Ben şöhrete tenezzül etmem. Şöhret öyle bir şeydir ki kendi kendine gelir. İnsanın isteyip istememesinin önemi yoktur...

Sonra hayat hakkında gayet acı felsefeler yaptı. İnsanlar nankördü. Kıymet bilmezlerdi. O konuşurken Reis içinden gülüyor, "Oh, işte bir belayı atlattık," derken dışından:

— Vah, vah... Cidden üzgünüm, kötüyüm, sizin gibi üstün

bir arkadaşı kaybettiğimiz için cidden üzgünüm.. diyordu. Reisin hüznü Efruz Bey'e de sirayet etti. Az daha ağlayacaktı. Ondan ayrıldı. Kütüphaneye girdi. Birçok bucaklı önlerinde kitapları açmışlar, hiç okumuyorlar, her zamanki gibi gevezelik ediyorlardı.

— Allaha ısmarladık arkadaşlar! dedi.

Bu vedanın sebebini anlamayan bucaklılar hemen onun etrafına üşüştüler. Onlara da "şahsiyat[1] olmasın" diye ismini söyleyemeyeceği dostları tarafından kıskanıldığını, böyle küçüklüklere şiir, edebiyat, tarih, biyoloji ile yükselen ruhunun tahammül edemeyeceğini, artık bucakta ders vermemeye kesin karar verdiğini söyledi.

— Burada ahlak bozulmuş. Bucakçılık Turan'ın merkezinde olur. Oraya gitmeli, orada çalışmalı...

Hazır bulunanların hepsinin elini ayrı ayrı sıktı. "Beni unutmayınız, eserlerimi okursunuz!" diyor, gayet uzak bir diyara gidecekmiş gibi hareket ediyordu. Kütüphaneden çıktı. Salonu geçti. Yavaş yavaş büyük filozoflara has bir sükûnetle merdivenden indi. Yağmurlu bir gündü. Sokakta şakır şakır seller akıyordu. Kapıdan çıkmadan evvel o kadar alkış, şapaş, şöhret, şan topladığı bu mukaddes binaya bir kere daha baktı. Gözlerini bahçeye çevirdi. Meydan bomboştu. Ah razı olsaydı, şimdi orada heykeli yükselecek, değil kıskançların, çekemeyenlerin, hatta asırların eli bile dehasının, ilminin bu sonsuz abidesini yıkamayacaktı! Başını salladı. Titreyen dudaklarından gayri ihtiyari "Türk'ün aklı sonradan başına gelir," hikmeti döküldü. Açık kapıyı atladı. O kadar dalgındı ki sanki son çıkışı olduğunu biliyormuş gibi kapıcının kendisine önem vermediğini, önünden geçerken ayağa bile kalkmadığını istemeye istemeye gördü.

---

(1) Şahsiyat: Birinin şahsıyla ilgili.

Sokağın şakırtılı çamurları üstünden fani bir hayal gibi kaydı, gitti...

... İşte o zamandan beri Efruz Bey'i hiçbir tarafta görmeyen bucaklılar, onun kendilerine son hitaplarını hatırlarlar, salondaki büyük Turan haritası üzerinde, arifane[1] ile aralarında para toplayıp Almanya'dan özel olarak getirttikleri coğrafya aletleriyle bir merkez tayinine çalışırlar,

— Ah Kâşgar'a gitti, Kâşgar'a galiba... diye ağlaşırlardı.

Vakit Gazetesi, 19.7.1926-1.8.1926

---

(1) Arifane: (Metinde) Ortaklaşa.

AÇIK HAVA MEKTEBİ

... Efruz Bey Bilgi Bucağı'ndan çekildikten sonra evinde derin incelemelerine dalmış, uğraşıyordu! Fakat kitap tedariki biraz zordu. Avrupa postası bir ayda gelmiyordu. Bir gün sıkıldı:

— Ben kitapların olduğu yere gitsem, dedi. Hem Avrupa'da tahsilini de tamamlamış olurdu. Annesine bu fikirlerini açtı... Bin dereden su getirdi. Nihayet kandırdı. Ama ne tahsil edecekti.

— Müfat Bey'e[1] danışırım, diye mırıldandı.

Bu zat Efruz Bey'in dünyada en beğendiği bir adamdı. Hemen hazırlandı. Ne zamandan beri bir kürek mahkûmu gibi odasında kapalı yaşıyordu.

Sokağa çıkınca halkı, gelenleri, geçenleri o kadar şen, o kadar neşeli gördü ki.. "Ne tuhaf, bütün dünya mesut!" dedi. Rüzgârsız, parlak bir sabah her tarafı parlatıyor, apartmanların pencerelerinden hizmetçi kızlar öteberi silkiyorlardı. Yaya kaldırımlarında beyaz esvaplı dadılar çocuk arabaları sürüyorlar, mektebe geç kalmış yaramazlar itişerek kakışarak koşuyorlardı. Harbiye Mektebi'nin önünde bir arabayı durdurdu. İçine atladı,

— Aksaray! dedi.

Müfat Bey gece gündüz Aksaray'daki "Tıfıl Kovuğu" denilen mektebinde bulunurdu. Burası eski bir konaktı. Dört yüksek duvar arasında gayet rutubetli, dar, çukur bir bahçenin

---

(1) Müfat Bey: Ömer Seyfettin, bu ad altında meşrutiyet devri eğitimcilerinden o zamanki İstanbul Öğretmen Okulu Müdürü Sâtı Bey'i eleştiriyor.

içindeydi. En üst kattan bile duvarların öbür tarafı gözükmezdi. Altmış sene evvel, doksan yaşından sonra on dört yaşında bir kızla evlenen kıskanç bir ihtiyar tarafından yaptırılmıştı. Mal sahibi bahçenin duvarlarını yapan ustaya sürekli "İçerisini kargalar bile görmesin!" demişti. Uçan kargalar değil, hatta kenarlarına konan serçeler bile içerisini görmüyorlar; bostan kuyusu zannederek kaçıyorlardı. Halk mektebe, bu mimari durumu için "kovuk" adı verilmiş sanıyordu. Halbuki bu adın sebebi mektebin çukurluğu, kapanıklığı filan değildi. Müfat Bey her ne hususta olursa olsun intihalin[1] aleyhinde bulunanlardan biriydi. Şiirlerini taparcasına sevdiği Fikret'in[2] bile yirmi beş senede yazdığı eserin ismini "Emil Berjera"[3]dan çaldığına şaşıyordu. Emil Berjera'nın eseri "Lyre Brisé"[4] idi. Fikret yarım Türkçe kitabına bu terkibi Farsça'ya tercüme ederek bir isim bulmuştu: "Rübab-ı Şikeste". Kitabının ismini Emil Berjera'dan çalan bu şairin evine "Aşiyan" diyorlardı. Birisi bu ismi aldı, gazetesine unvan yaptı. Sonra diğer bir mektepçi kalktı, "Çocuk Aşiyanı" diye bir mektep ismi çıkardı. Bir intihal zinciridir, gidiyordu. Müfat Bey bunlara kızar: "Zavallılar hiç manayı düşünmüyorlar," derdi. Çocuk aşiyanı manasız bir şeydi. Çünkü aşiyan "yuva" demekti. Yuva en çok havada uçan hayvanlar hakkında kullanılabilirdi. Kuş yuvası, karga yuvası gibi. Halbuki yerde yaşayan hayvanlar için "in" kelimesi kullanılırdı. Tilki ini, ayı ini, kurt ini gibi. İnsanlar kuştan çok dört ayaklı hayvanlara yakındı. Çocuk aşiyanı yerine "çocuk ini" denilmiş olsa daha mantığa uygun hareket edilmiş olacaktı.

İşte Müfat Bey, insanları kanatlı hayvanlardan ziyade dört ayaklı hayvanlara benzettiği için mektebine "Tıfıl Kovuğu" de-

(1) İntihal: Başka birinin şiirini ya da yazısını kendinin gibi gösterme.
(2) Fikret: Edebiyat-ı Cedide'nin ünlü şairi Tevfik Fikret.
(3) Emil Berjera (Emile Bergerat): Fransız yazarı (1845-1923).
(4) Lyre Brisé (Lir Brize): Kırık saz (Rübab-ı Şikeste) demektir.

miştı. İstanbul'un en meşhur bir müessesesi sayılırdı. Alafranga, gayri milli terbiye taraftarları çocuklarını hep buraya verirlerdi.. Zira Müfat bey "Türk, Türklük" diye bir milletin varlığını kabul etmiyordu. Milli terbiyenin en büyük aleyhtarı idi. Türk Milliyetçiliğinin muhtelif cereyanları karşısında "din var, millet yok!" şiarlı[1] bayrakların sallandığını görmüştü. Fakat Müfat Bey için şiar "din de yok, millet de yok"tu. Onun ülküsü yalnız alafrangalaşmak, taklit, Avrupalılara benzemekti. İstanbul gibi gelişmeyi sever bir çevrede bu ülkü çok taraftar buluyordu. Kovuğun çocukları için en büyük küfür "Türk!" kelimesiydi. Bu kelime ile arkadaşına küfreden çocuk hemen mektepten kovulurdu.

İşte Efruz Bey bu kadar büyük, bu kadar ilmi hareketin serdarı[2] olan bu kişiye "Avrupa'da ne tahsil edeceğini" sormaya geliyordu. Arabadan inince kocaman duvarın dibinde gerçekten bir kovuğa benzeyen küçük kapının önünde durdu. Aralıktan baktı; karanlık bahçede öğretmenler, çocuklar geziniyorlardı. Yavaş yavaş önüne çuha şalvarlı bir kavas[3] dikildi. Elhamdülillah tabancasıyla yatağanı[4] yoktu.

— Ne istiyorsun?

— Müdür beyi göreceğim.

— Sen kimsin?

Efruz Bey'e bu kaba sorgu dokundu. Acaba onu milliyetçi bir maarif müfettişi mi zannetmişti. Bu zannı düzeltmek lazım geliyordu:

— Ben Efruz Bey'im.

— ...

— Evet.

---

(1) Şiar: Belgi, ayırıcı işaret.

(2) Serdar: Başkomutan.

(3) Kavas: (Metinde) Koruyucu, koruma görevlisi.

(4) Yatağan: Uzun, iki yanı da keskin bir savaş bıçağı.

— Kendisine haber verelim.

Zavallı Efruz Bey kırk dakikadan fazla bekledi. Çocuklar derse girdiler. Sonunda kavas geldi. Deminki davranışının aksine, çok nazikleşmişti:

— Buyrunuz efendim, müdür beyefendi sizi bekliyorlar.

— Haydi...

Efruz Bey kavasla yürüdü. Bu ani değişimin anlamını bir türlü bulamıyordu. İçinden, "Bütün insanlar ayrı ayrı bir muamma!" dedi. Rutubetten çürümüş, küflenmiş merdivenlerden geçtiler. Kavasın bir adım ilerleyerek açtığı geniş bir odaya girdi. Büyük yeşim çuha örtülü masanın kenarında Müfat Bey oturuyordu. Ayağa kalktı. Ziyaretçisini selamladı.

— Buyrunuz, diye sağındaki küçük bir koltuğu gösterdi. Kendi de oturduğu sandalyeyi çevirdi. Efruz Bey'e, birkaç sene evvel bir konferansta takdim olunmuştu. Biraz gözü ısırdı:

— Evvelden teşerrüf ettik[1] galiba?

— Estağfurullah, evet efendim.

— Nasılsınız?

— Çok şükür, iyiyim. Siz?

— Biz de elhamdülillah...

....

Susuyorlardı. Efruz Bey bu kadar büyük, bu kadar âlim bir adamın kendisine söyleyecek bir laf bulamamasına şaştı. Şaşkın şaşkın etrafına bakındı. Duvarlar meşhur büyüklerin resimleriyle doluydu. Bir köşede koca bir küre duruyordu. Kütüphaneler ağzı ağzına kitapla doldurulmuştu. Böyle bir odada oturan adam ömründe kitap açmasa âlim olabilirdi.

— Siz Türkçü müsünüz?

Efruz Bey hemen protestoyu bastı:

— Asla! Bunu kabul etmem efendim. Bendeniz de zatıâliniz gibi Türk milliyetçiliğinin aleyhindeyim.

(1) Teşerrüf etmek: Bir kimse ile tanışmaktan onur duymak.

— Fakat Ocak'ta konferanslar verdiğinizi işitiyordum.

— Veriyordum, fakat samimi değil.

— ?

— Orada da iktidarımı göstermek için.

— ...

— ...

— Oğlunuzu mektebimize mi vereceksiniz?

— Hayır, benim oğlum yoktur.

— Kızınız var mı?

— O da yok.

— O halde ne arzu buyuruyorsunuz?

Efruz Bey birdenbire esas meselenin karşısında kalınca şaşırdı. Ellerini ovuşturdu:

— Kendime ait bir şey sormaya gelmiştim.

— Buyrunuz.

— Bendeniz Avrupa'ya tahsile gidiyorum. Ne okuyayım?

— Ne okumak istiyorsunuz?

— Daha bir şey tasarlamadım. Yaşım otuza yakın. Öyle bir tahsil istiyorum ki, gayet kolay olsun, kısa olsun. Hatta...

— Hatta?

— Kitap bile olmasın. Şöyle sözle olan bir ilim! Zira gözlerim artık yoruldu.

— ...

Müfat Bey gülümsedi. Mektepçi oldu olalı okumak istediği halde gözlerini yormaktan korkan, kitapsız ilim arayan bir adama ilk defa rast geliyordu. Sözle olan bir ilim... Evet, gramofonlar bu kadar gelişmemişti. Plaklar harikulade bir gelişmeye uğrayıp cilt haline geçirilirse okumadan âlim olmak mümkündü. Fakat Müfat Bey çok misafirperver olduğu için bir ilim aşkını umutsuz bırakmak istemedi. Dünya bu... âşıka maşuk[1]

(1) Maşuk: Sevilen, âşık olunan erkek.

mu bulunmaz!

— En çok neye istidadın var? diye sordu.

Efruz Bey için bu suale cevap vermek pek güçtü:

— Her şeye efendim.

— Ama en çok neye?

Biraz düşündü. Onun her şeye en çok istidadı vardı. Şair, matematikçi ve müzikle de uğraştığı olduğu gibi ressamdı da...

— Resme.

— Resme mi? Çok iyi öyleyse. Elişlerine çalışınız.

— Elişlerine mi?

— Elbet, bu da bir ilim.

— Fakat mekteplerde de okutulur mu?

— Elbet, şimdi hemen her mektepte. Eskiden resim bile günahtı. Çocuklar bir resim yaparlarsa yarın ahrette "Bunun canını ver bakalım!" teklifine maruz kalacakları söylenirdi.

— Demek elişleri bir ilim ha...

Efruz Bey şaşıyordu.

Müfat Bey izahat verdi:

— Elişleri sayesinde çocuklar küçükken büyüklerin yaptığı en mühim işleri öğrenirler, kurnazlaşırlar. Neyi tutsalar bir şeye benzetirler, kendilerinde beceriksizlikten eser kalmaz. "Oyun, mekteptir!" diyen filozof çok haklıdır.

— !..

— Elişi her çocuğa gayet az bir masrafla gösterilebilir. Biraz zamk, biraz kâğıt...

— !..

Müfat Bey, Efruz Bey'in, "Aman efendim zahmet etmeyiniz, lütuf buyurunuz. Bendeniz pek iyi bilirim," demesine bırakmadı. Kalktı, kütüphaneden birçok elişleri çıkarıp gösterdi. Elişlerinin bütün tarihini, mucidini, en başarılı olan sanatkârları, fabrikaları, hepsini, hepsini anlattı. İşte bizim memleketimizde hakkıyla elişlerine aşina kimse yoktur. Madem ki Efruz Bey'in yeteneği vardı, o halde mutlaka elişlerine de yeteneği olacaktı. Müfat Bey, "Elişleri öğretmenliğinin yanında üniversite profesörlüğü, ilkokul hocalığı gibi gelir!" diyordu.

* * *

Yarım saat sonra kovuktan çıkarken Efruz Bey, adeta bir elişi kahramanı, bir elişi fedaisi olmuştu. Evet şöhrete, şaşaaya bakmamalıydı. Lafa lüzum yoktu. İşe ihtiyaç vardı, elişine, elişlerine!

Efruz Bey bir türlü Avrupa'ya gidemedi. Zaten gidenler ne öğrenmişti? Yalnız kuru bir yaldız.. İki gönül bir olunca samanlık nasıl seyran olursa, okuyan için de kitapları elde ettikten sonra kendi evi, kendi odası Haydelberg, Oxford, Sorbonne[1] olurdu! Efruz Bey elişlerine dair birçok modeller, kitaplar, metotlar getirtti, kütüphanenin bir tarafını atölye haline koydu.

— Avrupa'ya gitmiş gibi üç sene sokağa çıkmayacağım, tahsilimi odamda tamamlayacağım, diyordu.

Bununla beraber herkese kendini Avrupa'ya gitmiş bildirmek isterdi. Bir hafta tanıdıklarını ziyaret etti:

— Size vedaya geldim.

— Hayırdır inşallah... diye şaşıyorlardı.

— Bir haftaya kadar Avrupa'ya gidiyorum.

— Niçin canım?

— Niçin olacak. Burada kalıp cehaletten patlayayım mı? Tahsile gidiyorum.

— Ne tahsiline?

....

Efruz Bey yalnız tanıdıklarının bu sorusuna doğru cevap vermiyordu:

— Gelince ne tahsil etmiş olduğumu görürsünüz, diyordu.

(1) Sırayla Almanya, İngiltere ve Fransa'nın ünlü üniversiteleri.

Efruz Bey ortadan kaybolunca dostları hep Avrupa'ya gitmiş sandılar. Eve uğrayanlar:

— Londra'da... Mektup almadık! cevabı veriliyordu. Fakat Efruz Bey odasında, kitaplardan kurduğu üniversitesinde iki aydan çok duramadı. Az daha can sıkıntısından patlayacaktı. Nihayet kendini sokağa attı. Arkadaşları ona rast gelince şaşıyorlar:

— O!.. Hoş geldin. Ama ne çabuk! diyorlardı.

— Hoş bulduk.

— Yahu kuş mu kaçırdın? Gitmenle gelmen bir oldu.

— Kâfi!

Ne kâfi?

— Tahsil için iki ay...

— ...

Sonra hepsine nasıl tahsil ettiğini, iki günde koca bir üniversitenin bütün imtihanlarını vererek diploma aldığını anlatırdı. Evet, Efruz Bey Avrupa'da pedagoji tahsil etmişti. Şimdi memleketin en büyük pedagoguydu. İlk hareketi mevcut pedagogları yıkmak oldu. Konferanslarında hiç ilimden, terimlerden bahsetmiyor, yalnız yeni meslektaşlarına hücum ediyordu. Evvela Kovukçu Müfat'a saldırdı. Zavallı Müfat bunu görünce az daha aklını kaçıracaktı. Gelip kendisinden elişinin ismini ömründe ilk defa işiten bu züppe onun ilmine, üstünlüğüne,

— Şarlatanlık! diyordu.

Efruz Bey Müfat'ı yıkınca karşısında eğitimci İsmail Hakkı'yı buldu. Bu adamı tanımıyordu. Fakat üniversitede falan dersleri olduğunu biliyordu. Onunla münakaşa güçtü. İhtimal bir pot kırabilirdi. İşi siyasete vurdu. Ortaya bir fikir fırlattı:

— İsmail Hakkı[1] eğitimci değildir!

— Ya nedir? diyenlere:

---

(1) İsmail Hakkı (Baltacıoğlu): Eğitimci. Çamlıca'da ilk açık hava okulunu açmasıyla tanınır.

— Bir "teorisyen!" cevabını veriyordu. Halbuki asıl eğitimci kendisiydi. Eğitim, teori demek değildi. Eğitim pratik idi. Evet, Efruz Bey eğitimin teorilerinden hiç bahsetmemek için her konferansının sonunda:

— Vallahi, billahi, tallahi, diye yemin ediyor; dinleyenleri de, teorik konuşanları bir daha dinlememeleri için yemine davet ediyordu. Bu sayede İsmail Hakkı az daha arkasız kalıyordu. Efruz Bey'in uygulamaları, eğitimciliği bütün herkes tarafından duyuldu. Ne yapacağını söylemiyordu,

— Ben, yaptıktan sonra görürsünüz! diyordu.

Mektepçiler, eğitimciler, öğretmenler, müdürler toplanıyorlar, "Acaba ne yapacak?" diye düşünüyorlardı. Efruz Bey susuyor, cevap vermiyor, esrarengiz niyetine dair düşündüğü projeleri söylemeden dinleyenlere duyurmaya çalışıyordu. Bir gün:

— Ben, Pastör'ün yaptığını yapacağım. O, nasıl tıbbı değiştirmişse, ben de eğitimi kökünden değiştireceğim, dedi.

Sonra ilave etti:

— Ama, İsmail Hakkı falan gibi kitap içinde, kâğıt üzerinde değil... Pratik olarak, pratik... pratik...

Efruz Bey "eğitim uzmanı" gibi önüne gelen resmi, özel mektebe dalıyor, sınıfları geziyor; öğretmenleri, muitleri[1] lafa tutuyor, çıkıp giderken hepsine birer resimli kart yadigâr bırakıyordu. Kasımpaşa'da "Maşrık-ı Envar-ı Maarif-i Osmanî"[2] mektebi en çok dikkatini çeken bir okuldu. Müdürü tam filozof, bilgili, kıymetli bir gençti. Uzun saçları eski redingotun yağlı yakasına dökülüyor, ona dünyadan vazgeçmiş sarhoş bir şair hali veriyordu. Mekteple uğraşalı Fransızca'yı unutmuştu. Efruz Bey onu ilk gördüğü zaman:

— Hangi mektepten mezunsunuz? diye sormuştu.

(1) Muit: Eski okullarda disiplini sağlayan öğretmen yardımcısı.

(2) Osmanlı eğitiminin nur saçan doğuşu anlamına gelen bir söz.

— "Tabiat Mektebi"nden.

— Ne demek?

— Yani kendi mektebimden! Ruso[1] gibi...

— A...

Efruz Bey bu cevaba bayılmış, içinden, "İşte eşsiz bir adam. Meçhul bir dâhi!" demişti. İsmi pek uzundu:

"Mehmet Mustafa Tahsin Nidai..." Ama herkes bu uzun ismi söylemiyor, yalnız "Müdür Bey" diyorlardı. Kupkuruydu. Koyu esmerdi. Köse olduğu için gür saçlarının altında yüzü daha minimini görünüyordu. Efruz Bey bu kıymetli gence büyülenmiş gibi her gün mektebe gelmeye başladı. Onunla kafadaş oldular. Müdürün en bariz özelliği pratik olmasıydı. Hiç teori bilmiyordu. Hatta,

— Okumam efendim, diyordu, okutan okumaz!

....

"Okutan okumaz!" Efruz Bey bu hikmeti içinden tekrar ediyor, yine içinden "demek bende okutmak huyu daha galip!" hükmünü çıkarıyordu. Mektebin binası pek haraptı. Pencerelerin camları kâğıtlarla yapışıktı. Hele müdürün odası görülecek şeydi. Çökük bir yazıhane, duvarda büyük bir Alasonya[2] haritası...

Yazıhanenin karşısında eski bir kanepe! Kanepenin üstünde Müşir Ethem Paşa'nın[3] Acem matbaalarında basılmış müthiş bir resmi!..

Efruz Bey bu kadar mükemmel bir adamın, bu kadar tahammül olunmaz çirkinlikler arasında nasıl oturduğuna bir türlü anlam veremezdi. Bir gün,

— Azizim Mehmet Mustafa Tahsin Nidai Bey, dedi. Ben, sizin iktidarınıza hayranım.

---

(1) Ruso (Jean Jacques Rousseau): Fransız yazarı ve eğitimcisi (1712-1778).

(2) Alasonya: Türk-Yunan savaşına sahne olmuş bir yer. Şimdi Yunanistan'ın kuzeydoğusunda bir kasaba ve ova.

(3) Müşir Ethem Paşa: Türk-Yunan savaşında (1897) Osmanlı ordusu komutanı.

— Tabii.

— Evet, tabii olarak hayranım. Ancak sizde bir noksan görüyorum.

— Ne gibi?..

— Bediyata, bedii terbiyeye hiç önem vermiyorsunuz.

— A......

Müdür bu laftan hiçbir şey anlamadı:

— Bediiyat ne demek?

— Estetik.

— Maliye bakanı değilim ya...

— Ne demek?..

— Öyle ya, estetikle maliye bakanları uğraşmalı. Bizim ne vazifemiz?..

Efruz Bey yine bir şey anlamıyordu. Bediiyat ile maliye bakanları niçin uğraşsın?

— Fakat anlamıyorum.

— A canım, şunu bunu rakamlarla toplayıp rakam neticeler çıkarmak değil mi, bizim ne vazifemiz?

— Efruz Bey gözlerini açtı.

— Hayır canım.

— Ya ne?

— Estetik...

— O da ne? Ayrı bir şey mi?

— Bediiyat işte...

— Bediiyat ne efendim?

— A......

Efruz Bey, hakından fakından karıştırarak bediiyatı tarif etti. Amaç, güzellikti. İnsanın oturduğu, yattığı, okuduğu, özetle yaşadığı çevre güzel olmalıydı. Sonra samimi bir eleştirmen gibi mektebin haline geçti. Pisliğe itiraz etti. Yağmur günlerinde her taraf akıyordu. Sonra müdür odasının bu mobilyasızlığına geldi. O konuştukça sıska müdür gülümsüyordu. Nihayet:

— Görüyorum ki Efruz Bey, dedi. Siz de bütün iddianıza rağmen bir teorisyensiniz.

— Nerden bildiniz?

— Söyledikleriniz hep teori ürünü, hiç pratikle ilgisi yok.

Efruz Bey izah etmesini rica etti:

— Lütfen.

— Pekâlâ, evvela mektebe itiraz ediyorsunuz. "Niçin harap, perişan?" diye, değil mi?

— Evet.

— Size söyleyeyim. Ahalinin dörtte üçü fakirdir. Bunların çocukları yıkık, harap evlerde yaşadıkları için gözetilmiş, mükemmel mektepler sağlıklarına dokunur.

— Ya zengin çocukları?

— Mektebin haraplığı onların yararına başka türlü hizmet eder.

— Nasıl?

— Eğer babalarından kalacak mirasları, hesapsız yerlerse en nihayet böyle harap binalarda soğuktan, rüzgârdan ıstırap çekeceklerini düşünürler, peşinen akıllanırlar.

Efruz Bey bu pratik felsefeye hayran kaldı. Müdür pisliğin faydasını da anlatıyordu.

Sağlık bilgisi kendimizi soğuktan, sıcaktan muhafaza değil, belki bu soğuğa, sıcağa alıştırmaktı. Bugün hastalıkların esası mikroptu, hastalıklardan korunmak için mikroplardan kaçmak değil, onlara alışmak, onlarla anlaşmak icap ediyordu. Pislik tabiatta vardı. Temizlik bid'attı.[1] Medeniyet icabı bir şeydi. Bütün hastalıklar medeniyetle, yani temizlikle başlamıştı. Temizliğin ne olduğunu bilmeyen ilkel insanlar, bugünkü vahşiler niçin hastalanmıyorlardı?.. Çünkü mikroplarla, yani pislikle ünsiyet peyda etmişlerdi.[2] Efruz Bey müdürün açıkla-

(1) Bid'at: Sonradan meydana gelen şey.

(2) Ünsiyet peyda etmek: Alışmak.

masını dinliyor, yakasındaki yağlara, kalıpsız fesindeki dört santimetre kadar yukarı doğru ilerleyen kirlere bakıyordu. Evet, bunlar ne basit hakikatlerdi! Fakat ne kadar orijinal, ne kadar yeni hakikatlerdi! Müdür pislikten sonra lüksün aleyhinde ağzını açtı, yumdu gözünü...

Dünyada felaketlerin en baş sebebi lükstü! Süslü ev, süslü giysi, süslü çevre.. Bu süs düşkünlüğü insanları kudurtuyor, fakirlerin zenginler aleyhine kalkmasına sebep oluyordu! İhtimal bir gün bütün fakirler birleşecek, süse dair ne varsa ev, apartman, gazino falan... hepsini yağmaya verecekler, hepsini harap turap edeceklerdi. Mektepte mobilya aleyhtarlığını pratik bir surette tatbik etmişti. Öğretmenler adi hasır kahve sandalyelerinde oturuyorlardı. Pencerelerde tek bir perde yoktu. Madem ki hava veya ışık için açılmışlardı, bu deliklere perde takmanın manası var mıydı?

Efruz Bey "Maşrık-i Envar-i Maarif-i Osmani" müdürünün bu prensiplerini dinledikçe talihin kendisine bir arkadaş daha çıkardığına seviniyor, "İşte uygulamalı eğitim ufuklarında benimle çalışabilmeye uygun bir arkadaş" diyordu. Evet, bu tam pratik bir adamdı. Gerçeği olduğu gibi görüyordu. Çoğunluğun fakir olduğunu bildiği için bu fakirliğin de zenginleşmek arzusunu veren tek etken bulunduğuna kanaat getirdiği için mektebi sefil bir dilenci kulübesi sisteminde tertip etmişti. Yoksulluğun "ibret verici" tabloları her köşede göze çarpıyordu. En büyük buluşu "uygulamalı adalet"ti.

Efruz Bey,

— Bu ne?.. diye sordu. "Uygulamalı adalet" mi?

Evet. Gayet tabii bir şey. Yani gerçek adaletin ta kendisi...

— Aman izah ediniz.

Müdür Bey:

— Başüstüne, diye başladı. İnsanlar tabiatı bozarak hayatı hafifleştirmek için kendi felaketlerini elleriyle hazırlamışlardır.

Mesela "hak, adalet" gibi tabirler uydurmuşlar, yaşayış tarzındaki ahengi bozmaya kalkmışlardı. Sözde soyut bir hak varmış. Asırlardan beri onu ararlar! Asırlar içinde; Nasrettin Hoca'dan başka "hak"kı anlayan gelmemiştir.

— O nasıl anlamış?

— Hikâyesini biliyor musunuz?

— Hayır.

— Bir gün Nasrettin Hoca, yolda birkaç çocuğun kavga ettiklerini görmüş.

— Eee?..

— "Niçin dövüşüyorsunuz?" diye sormuş; çocuklar da "Şuradan ceviz topladık. Pay edemiyoruz," demişler. Hoca, "Ben size pay edeyim mi?" diye sormuş. "Et" demişler. Fakat Hoca çocuklara tekrar "Hakça mı, kulca mı pay edeyim?" diye sormuş. Çocuklar düşünmüşler, hakça pay edilmesini istemişler. Nasrettin Hoca rasgele kimine bir, kimine üç, kimine beş ceviz vermiş. Geri kalanını da kendi heybesine doldurmuş.

— Sonra!..

— Sonra, çocuklar, "Bu nasıl pay, Hoca?" diye şaşırmışlar. Hoca, "Hakça pay buna derler. Rasgele! Kimine az, kimine çok, kimine hiç..."

— Eee... sonra?

— İşte bu kadar... Yani eşitlik hayalinin insanlara mahsus bir vehim olduğunu Hoca daha o vakit çakmış. Evet, tabiata bakarsak adaletin gayri mantıki bir fantezi olduğunu açıkça görürüz.

İnsanların bir kısmı fakir, bir kısmı zengin, zenginlerin içinde hiç çalışan olmadığını, budalaların, aptalların çoğunluk teşkil ettiklerini düşünürsek, zekânın ne kadar hayali bir kıymeti olduğunu anlamakta bir güçlük çekmeyiz. Evet, saadet, felaket bir işin belli bir karşılığı değil, öyle, gelişigüzel üzerimize düşen bir talihtir. Tek kanunu...

— Nedir?..

— Mantıksızlık! Azizim Efruz Bey, adeta bütün hayat mantıksız bir sürüp gitmedir.

— Fakat...

Bu esnada müdür odasının tek kanatlı rezeleri kopuk kapısı açıldı. Kısa boylu, perişan, zayıf bir öğretmen içeri girdi. Arkasında iki çocuk vardı. Bunlar ağlıyorlardı. Birisinin burnu kanıyordu.

Müdür sordu:

— Ne oldu?..

Öğretmen.

— Efendim, dedi. Bunlar hiç rahat durmuyorlar. Yine muslukların başında kavga etmişler. Yetmiş altı, doksan ikinin burnunu kanatmış. Artık bu efendilerden bıktık.

— Ben onlara şimdi gösteririm, dedi.

Sonra tekrar öğretmene emir verdi:

— Sen git, bana muslukların civarında dolaşan "meccani"lerden[1] iki tane yakala, getir.

— Başüstüne!

— ...

Öğretmen çıkınca, müdür çocuklara, kapının dışarısında adalete hazır olmalarını söyledi. Odada yalnız kalınca, Efruz Bey'e döndü:

— Tam tesadüf! İşte şimdi size uygulamalı adaleti göstereceğim...

— Nasıl?

— Göreceksiniz. Sabrediniz.

— "Meccani"ler kimler?

— Maarif yüzde yirmi talebeyi ücretsiz okutmamızı şart koymuştur. Her sınıfta birkaç tane "meccani" vardır. Bunlar mektepte ayrı bir cins teşkil ederler. Hani Hindistan'daki par-

(1) Meccani: Parasız okuyan öğrenci.

yalar gibi.

— E...

— Ben mektepte ne vukuat olursa cezalarını meccanilere veririm.

Efruz Bey adeta galeyan etti:

— Bu olur mu ya? Bu olur mu ya?

— Mis gibi... Cızıltıya meydan vermez. Malum ya, mektepte dayak resmen yasaktır. Halbuki bu dayak müessesesi cennetten çıkmıştır. Kim ne derse desin onsuz terbiye olmaz. Tabii bizim mektepte de resmen dayak yok... Ama "meccani"ler ayrı. Onlar şikâyet falan edemezler, hemen kovarız. Kim ne yaparsa dayağı "meccani"ler yerler. Kabahatli çocuklar "meccani"lerin yediği dayaklardan ibret alırlar.

— Fakat...

— İşte uygulamalı adalet, azizim.

— Ama "meccani"lerin kabahati yok ki...

— Olmasına hacet yok ki... Maksat ibret için ceza...

— Fakat...

Efruz Bey itirazına devam edemedi. Öğretmen iki çocuk daha getirmişti. Bunlar neredeyse yalınayak başıkabak denecek derecede perişan kıyafetteydiler. Müdür Bey,

— Çağır öbürlerini de...

— Başüstüne!

Kavga eden çocuklar da içeri girdiler. Müdür "meccani"lerden birisine sordu:

— Muslukların başında ne arıyordun sen?

— Su içmeye gitmiştim.

— Zehir iç, şimdi görürsün.

Meccanilerden ikincisine döndü:

— Ey sen? Sen ne arıyordun orada?

— Hiç!..

— Vay, inkâr mı ediyorsun?

— Hayır efendim.

— Söyle öyleyse...

— Geçiyordum.

— Geçecek başka yer yok muydu?

— ...

Zavallı çocuklar titriyor, bir cevap bulamıyor, önüne bakıyordu. Müdür Bey yazıhanesinin altından bir değnek çıkardı... Ayağa kalktı. Bütün kuvvetiyle bu iki "meccani"yi dövmeye başladı. Çocuklar ağlıyorlar, kollarını yüzlerine siper ediyorlar,

— Aman Müdür Bey, affediniz Müdür Bey! diye yalvarıyorlardı.

Mehmet Mustafa Tahsin Nidai Bey, gerçekten öfkelenmişti. Efruz Bey bile müdahaleden korktu. Zayıf, tüysüz çehresinde deminki donuk gözleri büyümüş, parlamış, birer alev parçası olmuştu. İyice dövdüğü çocukları tekmeleyerek dışarıya attı. Sonra asıl kabahatlilere,

— Gördünüz ya... Bir daha yaramazlık ederseniz sizi de böyle döverim, dedi.

Öğretmenlerle onlar da odadan çıktıktan sonra tekrar yazıhanesinin başına oturdu. Hâlâ soluyordu. Efruz Bey şaşırmış, bembeyaz kesilmişti. Kabahatsiz çocukların acıklı feryatları onu etkilemişti. Dayanamadı:

— Bu "uygulamalı adalet" hiçbir şeye benzemiyor, dedi.

— Ne diyorsunuz?

— Evet, hiçbir şeye benzemiyor.

— Siz azizim Efruz Bey, kuramcısınız.

— Hâşâ...

Efruz Bey "kuramcısınız" ithamına çok kızardı.

— Evet, kuramcısınız.

— Niçin?

— Çünkü uygulamalı kurallara akıl erdiremiyorsunuz.

— İzah edin, rica ederim.

— Şimdi ben "meccani"lerden birini dövdüm. Pekâlâ! Farz edin ki onlar kavga etmişler...

— Farz olur mu ya?..

— Olur ya. Cebir, matematik ciddi, esaslı ilimler hep varsayım değil mi? Varsayım gerçeğin annesidir.

— ...

Efruz Bey bunu reddedemedi.

— Evet, farz ediniz "meccani"ler muslukların başında birbirleriyle kavga ettiler. Birisinin burnu kanadı. Gerçi bu bir varsayım. Ama nasıl bir hakikat doğuracak?

— Ben onlara sopayı çektim. Asıl kabahatliler bunu gördüler. Şüphesiz ibret aldılar. Hiç olmazsa kendilerinin layık oldukları cezanın ne olduğunu anladılar.

— Doğru.

— Halbuki mektepte dayak yasak.

— Evet..

— "Meccani"lere gelince.. Kimsenin aldırdığı yok. Onların sayesinde "dayak" yaptırımı mektepte zararsızca yaşatılabilir.

— Gerçi doğru...

— Hele söyle azizim, "uygulamalı adalet"e akıl erdirebildiniz mi?

Gerçi Efruz Bey buna hiç akıl erdirememişti. Fakat bunu söylemek onuruna ağır geldi. Gayri ihtiyari,

— Evet, dedi.

Böyle her gün, Efruz Bey Mehmet Mustafa Tahsin Nidai Bey'in buyururcasına hareketlerini gördükçe bütün büyük adamların meydanda değil, gölgede saklı olduklarına kanaat getiriyordu. Lüksün aleyhinde olduğu halde odasında Ethem Paşa'nın o berbat resmiyle Alasonya'nın topoğrafya haritasını bulunduruşuna bir türlü anlam verememişti. Bir gün bunu da sordu.

Müdür:

— Bundaki anlamı anlamayışına teessüf ederim, cevabını fırlattı. Zaten cümleleri, hele hitap halindeki lafları pek ağır, pek şiddetliydi. Efruz Bey estetik prensiplerinden kendine bir siper yapmaya çalışarak tekrar sordu:

— Duvardaki tablolardan maksat sırf bir ziynet, bir süstü. Haritaya gelince, onda da bir kural olmalı. Ethem Paşa'nın şu resmi son derece kötü. Ne o öyle, atı şaha kalkmış, ayağının altında toplar, tüfekler, bacağı, kolu kopmuş insanlar. Harpte başkumandanın böyle bir mevkide bulunması mümkün değil. Alasonya haritası ise küçücük bir kazayı gösteriyor. Ne faydası olabilir?

Müdür güldü:

— Hep kuramsal, hep kuramsal dedi. Azizim Efruz Bey, senin ne zaman pratik düşündüğünü göreceğim?.

— Canım bunda teori, pratik var mı?

— Var ya?..

— Neresinde?

— Sorduğun şeyler hep teorik.

— Pekâlâ, bunların pratik bir cevabını veriniz bakalım...

— Vereyim. Bizim milli ressamımız, hatta milli dâhimiz meşhur Hulusi Efendi'dir.[1] Bu tablo da onun eseridir. Milletin ruhunu tanır, millet nasıl isterse öyle yapar. Cahil olmadığı için tabii bir başkumandanı, maroken koltuğa kurulmuş ağır bir perdenin altında yapamaz. Aydınlar hâlâ Avrupa taklidi eserleri sanat sanırlar. Cahilliklerinden... Ahaliden kim on para verse onların resimlerini alır. Halbuki Anadolu'ya falan gitmeye hacet yok, İstanbul'un kahvelerini gez. Hepsinde Hulusi Efendi'nin bir eserine mutlaka rast gelirsin. Bu ressam o kadar

(1) Hulusi Efendi: Meşrutiyet devrinde taş basması resimler hazırlayan bir ressam.

pratik bir dâhidir ki gözü, karıncayı yormamak için resimlerinin altına ne olduğunu yazar. Topun altına top. Geminin altına gemi. Trenin altına tren...

Efruz Bey dayanamadı:

— Ya Alasonya haritası? dedi.

— Bunu işte anlamamak pek büyük bir ayıp. Dünyada son zaferimizin geçtiği yer! Yanya, Alasonya,[1] Mohaç'tan, Çaldıran'dan, Kosova[2] meydanından mühimdir.

Efruz Bey'in dudakları titredi:

— Doğru.

— İşte Hulusi Efendi'nin eseriyle topoğrafya haritasının manası!

— Hakikaten siz gayet mühim bir şahsiyetsiniz, azizim Mehmet Mustafa Tahsin Nidai Bey...

— Hüsnü teveccühün demeyeceğim. Bu memlekete göre hiç şüphesiz en büyük bir adamım.

— ...

Efruz Bey kendi meziyetlerinin azameti için, muhiti de kabul etmediği için arkadaşının bu tevazuunu lüzumsuz buldu:

— Estağfurullah... Estağfurullah...

— ...

Sonra uzun bir sohbete başladı.

— "Ah bu memleket..."

— ... Evet, bu memleket kördü. Hiç doğruyu görmezdi. meselâ, hâlâ okullar binaların içindeydi. Halbuki çağdaş memleketlerde...

Müdür, küçük gözlerini Efruz Bey'e kaldırdı.

— Çağdaş memleketlerde okullar binaların içinde değil midir?

---

(1) Yanya, Alasonya: Burada Türk-Yunan savaşının Yanya ve Alasonya'da geçen evreleri kastediliyor.

(2) Mohaç, Kosova ve Çaldıran savaşları: Mohaç Macarlarla; Kosova Sırplarla yapılmış, zafer kazanılmıştır. Çaldıran'da da Şah İsmail yenilmiştir.

— Değildir ya...
— Ya nerededir?
— Açıkta...
— Açıkta mı?
— Evet...
— Doğru mu söylüyorsunuz?
— Şüphe mi ediyorsunuz?
— Yok, fakat...
— Gözümle gördüm.
— Yaz, kış mı açıkta?
— Yaz, kış...
— Nasıl?
Efruz bey, asılsız tafsilata[1] başladı mı coşardı.
— Açık hava okullarını işitmediniz mi?
— Senden bir kere duydum sanıyorum.
— Evet, Avrupa'da açık hava okulları vardır. Tabii papaz okulları falan buradaki gibi hâlâ binalar içinde... Fakat yeni eğitimi, yeni kişisel girişimci Anglosakson terbiyesini kabul eden kaya okulları hep açıktadır.
— Kaya okulları ne demek?
— Ekol dö roş... Yani, kayalar üzerinde ders okunan okul.
Mesele mühimdi. Müdür masanın başından kalktı. Efruz Bey'e daha çok yaklaşmak için önüne gitti.
— Kayalar üzerinde mi?
— Evet...
— Niçin kayalar üstünde?
— Pek basit, çünkü rutubet yoktur. Kaya nakil olmadığı için yazın soğuk, kışın sıcaktır. Adeta Allahımızın bir kaloriferi...
— Rica ederim Efruz Bey, bu açık hava okullarına dair daha ayrıntılı bilgi ver. Çok önemli buluyorum.

---
(1) Tafsilat: Uzun uzadıya ayrıntılı bilgi.

— Başüstüne...

— Buyur!

— Efruz Bey, tam bir buçuk saat buyurdu. "Maşrık-ı Envar-i Maarif-i Osmani" okullarının müdürü öğrendi ki açık hava okulu ilk insanlar gibi çocukları doğal yaşama alıştırmak için kurulmuş bilimsel bir kuruluştur. Yaz, kış, gece gündüz, öğretmenler, öğrenciler, hepsi hayatlarını kırlarda geçirirler. Okumak yazmak pek az! Yalnız ekip biçmek! Yol yapmak! Kanal açmak! Köprü kurmak! Nadas etmek! Hayvan yetiştirmek! Tavukların dil altlarını çıkarmak! Atları nallamak! Güzel övendire kullanmak! Falan filan...

Efruz Bey de ayağa kalktı.

İki şahsiyet karşı karşıya geldi, birbirlerinin gözlerine baktılar. Sıska müdür,

— Ne duruyoruz? dedi.

— Bizim gibi pratik devrimcilere bu miskinlik yakışmaz.

Efruz Bey başını salladı:

— Doğru, yakışmaz.

— O halde ne duruyoruz?

— Ne duruyoruz?

— Yarından tezi yok. Hemen açık hava okulunu bu memlekette kuralım.

— Kuralım...

— Hazırlığa falan...

— Ne gerek var ne de zaman.

— Fakat...

Çocukların anası, babası duyarsa ihtimal razı olmazlar.

— Sanki bir eğlenmeye çıkıyormuşuz gibi kalkar, buradan gideriz. Bir daha gelmeyiz. Bizi kırlarda kim arayıp, kim bulacak?

— Fakat...

— Fakatı, makatı yok... diye Efruz Bey, müdürün bütün tereddütlerini gevşetti. Hademeye falan da lüzum yoktu. Parasız yatılılar hademelik edeceklerdi. Öğrenim ücretlerine gelince, kırda, açık hava okulunda kurulacak çiftliğin geliri milyonları bulacaktı. İhtimal öğrenciler aldıkları yüksek yevmiyeleri ailelerine gönderebileceklerdi. Efruz Bey zengin hayalinden açık hava okulunun kârlarına dair tafsilat verdikçe müdürün küçücük, dar hayal gücü genişliyor, kocaman bir göl oluyordu.

Saatlerin geçtiğini duymadılar. Masanın başına oturdular. Planlar çizdiler, yarın sabah çocuklar, bir günlük yemekleriyle beraber okula geleceklerdi.

Sonra erkenden Köprü'ye[1] gidecekler, vapurla Haydarpaşa'ya geçecekler, daha sonra öğleye kadar cebri yürüyüşle[2] Maltepe'yi tutacaklardı. Sonra?

Efruz Bey,

— Sonra, diyordu, ertesi gün sabaha karşı bir mavna ile doğru Hayırsızada'ya...[3] Tabii ilk Türklerin Gelibolu'ya çıkışları gibi!

Orada tabiatla yalnız kalacağız! Mücadele başlayacak. Anglosakson eğitimi baş gösterecek, her çocuk bir Robenson... Biz de birer Robenson!

Müdür,

— Ya ekmek? dedi.

— Düşündüğün şeye bak. Acıkan ekmeğini taştan çıkarır.

— Bu doğru; fakat su?

— Zannederim ki Hayırsızada'da su vardır. Arayıp bulacağız, bulamazsak...

— Ne yaparız?

— Deniz suyundan tatlı su çıkarırız.

— Nasıl?

---

(1) Köprü: Galata köprüsü.

(2) Cebri yürüyüş: Aralıksız yapılan sıkı yürüyüş.

(3) Hayırsızada: Marmara'da, İstanbul'a yakın, kimsenin oturmadığı küçük bir ada.

— İngiliz tayfalarının yaptıkları gibi.

Her şeyi görüştüler. Artık okulun akşam tatil zamanı yaklaşıyordu. Efruz Bey bir şey teklif etti. Bu açık hava okulunun tesis şerefini yalnız "Maşrık-i Envar-ı Maarif-i Osmani" müdürüne bırakmak istemiyordu.

— Ortaklaşa! diyordu.

— Fakat nasıl?

— Ben okulun resmen ders yöneticisi olayım. Yetkim sizinkiyle eşit olsun.

— Bir görevde iki baş olur mu?

— Olur...

— Nasıl?

— Olağanüstü yaratıklar olan ejderhalarda olduğu gibi.

— ...

— Ejderhaların masallarda kuvveti hep yedi sekiz başlarından ileri gelir.

Müdür düşündü, taşındı:

— Bu olamaz, Efruz Bey! dedi.

— Olamaz mı?

— Olamaz.

— O halde ben yalnız başıma bu okulu kurarım...

— Öğrenci bulamazsın.

— Bana iki çocuk yeterli..

— Onu da bulamazsın.

— O halde?

— Gel beraber yapalım, birlikten kuvvet doğar.

— Ben de bu fikirdeyim. Fakat yetkim olmazsa...

— Resmen olmasın da... Özel, ne istersen yap...

Efruz Bey düşündü. Bir kere koloniyi teşkil ettikten sonra müdürü aldatmak kolaydı. Bir ihtilal yeterliydi. Hatta icap ederse denize bile attırır, her türlü münasebetsizlikten birdenbire kurtulabilir. Geniş, fakat özel bir yetkiyle okulun idarecisi oldu. Müdür,

— Çocuklar gitmeden evvel seni takdim edeyim, dedi.

— Öğretmenler nerede?

— Okulda yalnız bir öğretmen var.

— Bir öğretmen mi?

— Evet...

— Eh, kaç sınıf var?

— Yedi...

— Diğer öğretmenler nerede?

— İkisi hasta. Üçü izinli. Biri hava değişiminde... Altısı da mazeretli olmalı. Bugün gelmediler.

— Bir öğretmen yedi sınıfı nasıl okutuyor?

— Geriye kalan altı sınıf müzakere eder. Eski derslerini pişirirler.

— Çok iyi, zaten açık hava okulunda öğretmenleri kullanmayız.

— Ben yeni öğretmen almam. Bu, bir prensip meselesi.

— Hayır canım, hiç öğretmen almayacağız. Bir ben kâfi. Ben her şeyi öğreteceğim.

— Teşekkürler.

Müdür için için seviniyor, neşesini saklayamıyordu. Önce okul kirasından, sonra da öğretmen ücretinden kurtulacaktı. Dışarı fırladı. Çocuklar da dersten çıkmışlardı. Trampeti vuran hademeye,

— Çabuk öğretmen beyi gönder. Efendiler çıkmasınlar. Beklesinler. Toplantı var! dedi.

Oda kapısında bekledi. Yan gözle içeriye bakınca yüreği hop etti. Efruz Bey kendi makamına oturmuştu. Dalgındı. Gözlerini sanki Ethem Paşa'nın şaha kalkmış küheylanına dikmişti. Acaba bu büyük şahsiyetin yanında kendi varlığı sönecek miydi? Müdür bunu muhakeme edemeden çağrılan öğretmen gelmişti.

— Toplantı var, çocukları toplayınız.

— Başüstüne.

— Ama çabuk...

— Bir dakika...

Yıkık binanın alt katından kulakları paralayacak derecede şiddetli bir gürültü yükseliyordu. Çocukların en kızdıkları şey bu toplantıydı. Müdürün yarım saat gevezelik edip kendilerini sokağa çıkarmakta geç bırakmasını bir türlü çekemezlerdi. Zayıf öğretmen, müdür beye, çocukların hazır olduklarını söylediği zaman, bu gürültü daha çok azıtmıştı. Sokak kapısını kilitleyip önünde bir put gibi duran kapıcının etrafında çocuklar, Karagöz'deki "Başlar mısın, başlayalım mı?" bestesiyle bağrışıyorlardı:

— Açar mısın, açtıralım mı?

— ...

Müdürle Efruz Bey eski konaklarda "ev altı" denilen bu loş meydana gelince gürültü birdenbire durdu. Müdürün ince, keskin, madeni sesi öttü:

— Efendiler! Şimdiden sonra ders nazırınız[1] Efruz Beyefendi'dir. Size takdim ederim. Onun sayesinde neler öğreneceksiniz, neler...

— Önce o, sizi yoran, gözlerinizi ağrıtan kitaplar kalkacak, hiç kitapsız okuyacaksınız.

Demin binayı yıkacak gibi haykıran çocuklar, şimdi hayretten nefes bile alamıyorlar, işittiklerine inanamıyorlardı. Kitapsız ders. Bu ne saadet! Gayri ihtiyari itiraz ettiler:

— Şaka yapıyorsunuz!

— Şaka mı?

— Şaka... Şaka...

— Müdürünüzün şimdiye kadar bir defa olsun şaka yaptığını gördünüz mü? Ciddi söylüyorum. Efruz Beyefendi kitap-

(1) Nazır: (Metinte) Bir işin yönetiminde olan.

ları, defterleri, kâğıtları, kalemleri, hatta siyah duvar tahtalarını, tebeşirleri, hepsini kaldırıyor. Artık ödev falan da yazmayacaksınız...

Çocuklar sevinçten uğulduyorlar:

— Şaka...

— Şaka...

— Şaka söylüyorsunuz! diye haykırışıyorlardı. Müdür Bey uzun uzadıya, bilgi vererek hepsini inandırdı. Okul yeni eğitim yöntemlerini kabul ediyordu.

Bu yeni yöntem hayat içinde. Hayatta kitabın önemi yoktu. Kalkan yalnız kitap, yalnız okuyup yazmak, yalnız ezberlemek değildi...

Başka...

Çocuklar, tekrar:

— Ne? Ne? Müdür Bey, ne? diye bağırıştılar.

— Evet, Efruz Bey'in sayesinde okuldan "ceza" da kalkacak, herkes eşit. Mesela ben de sizin gibi olacağım. Artık bana selam vermeye mecbur değilsiniz. Hepimiz eşitiz. Öğretmenler size karışmayacak. Size kimse karışmayacak. Hatta ananız babanız bile... İstediğinizi yapacaksınız...

— Yaşasın Efruz Bey!

— Yaşasın!..

— ...

Çocuklar öyle müthiş bir gürültü ile alkışlıyorlardı ki... Efruz Bey gayri ihtiyari ilk hürriyet günlerini hatırladı. Müdürün yanında ayakta duruyordu. İki elini yukarı kaldırdı! Alkışçılara karşı,

— Söz isterim, söz isterim! diye haykırdı.

Kendilerine düşünebilecekleri en büyük saadeti getiren bu kurtarıcıyı çocuklar dinledi. O müthiş gürültü birdenbire kesildi. Efruz Bey nutkuna başladı,

— Arkadaşlar! Evet, size "arkadaşlar!" diyorum. Çünkü

benim öğrencim değil, arkadaşımsınız. Öğrencilik, öğretmenlik, âmirlik, madunluk,[1] büyüklük, küçüklük bugün öyle şey yok. Eski müdürünüzün söylediği gibi, herkes eşit.

Müdür birdenbire sararark, Efruz Bey'in sözünü kesti:

— Eski değil, hâlâ müdürünüz benim...

Efruz Bey:

— Hayır, eski! diye devam etti. Hiç müdüre bakmıyor, doğrudan doğruya çocuklara hitap ediyordu.

"... Müdürünüz, eskiden müdürünüzdü. Kendisinin belki haberi yok. Şimdi o sizin müdürünüz değil. Nihayet bir arkadaşınız. Artık kendisine "Müdür Bey" demek bir hakarettir.

— Demeyiz... Demeyiz...

— Evet, doğrudan doğruya ismini söyleyiniz. Fakat ismi de çok uzun! Mehmet Mustafa Tahsin Nidai!.. Adeta dört kişilik bir isim!

Önce bu arkadaşınızın ismini kısaltmalı.

Bu acele çocukları çıldırttı:

— Kısaltalım.

— Kısaltalım.

— Nasıl kısaltalım?

Müdür sapsarıydı. Gürültü o kadar şiddetli, Efruz Bey'in tesiri o kadar kuvvetliydi ki...

Toplantıyı dağıtmaya cesaret edemedi. Yalnız bir kâbus içinde gibi dinliyordu:

— Bana kalırsa ona "Mıstık" diyelim. Bu, muhacir ismidir. Bu suretle vatanseverliğimizi, hamiyetimizi de göstermiş oluruz.

— Mıstık...

— Mıstık... Hey Mıstık, diye bir gürültü koptu. Bu ismi herkes beğeniyordu.

Mustafa Mıstık,

(1) Madun: Alt konumda bulunan, ast.

Arabaya kıstık...

....

Efruz Bey, müdürün ismini düzelttikten sonra programa geldi:

— Arkadaşlar! Yarın hepiniz daha güneş doğmadan bir saat evvel buraya geleceksiniz, kitap falan getirmeyiniz. Yalnız bir günlük yiyecek...

Ekmek, zeytin, peynir falan... Yarın ilk defa açık hava dersine çıkacağız. Gevezelik edip de evde ailenize bir şey söylemeyiniz.

— Söylemeyiz... Söylemeyiz...

— Haydi bakayım. Tabur mabur istemez, serbestçe dışarı çıkınız, paydos!

....

Kapıcı anahtarı güç çevirdi. Bir çocuk tufanı taştı. Civardaki evler yangın var, sandılar. En çok azanlar parasız yatılılardı. Kapıdan çıkarken:

— Allaha ısmarladık Mıstık! diye bağırıyorlar, bazıları bu vedayı:

— Çiroz Mıstık! hitabıyla tamamlıyorlardı. Efruz Bey'in on dakikalık telkiniyle eski zaptın, raptın, kuralların, nizamın, intizamın bir anda yıkıldığını gören müdür birdenbire ürktü. Gözlerini açtı. Ev altında çocuk kalmayınca Efruz Bey'e döndü:

— Fakat azizim. Biz bunları zaptedemeyiz...

— Niçin?

— Böyle eşitlik falan yapacağını bilmiyordum.

— İçeride konuşmadık mıydı?

— Konuştuktu.

— O halde artık itiraz etmezsiniz. Çünkü kabul ettiniz sayılır.

— Fakat...

— Fakat...

— Evet Mıstık, görüyorum ki sen hürriyetten korkuyorsun. Çocuklara doğal hürriyetlerini, doğal zevklerini verince taştılar. Gürültüye başladılar. Bu, işte onların "hayatiyet"leridir. Bu hayatiyet eski batıl itikatlarla bağlı duruyordu. Hiç istifade olunmuyordu. Şimdi onların hürriyetleri olacak. Hayatiyetlerini istedikleri gibi açığa vurup gösterecekler. Bak bu taşkın çocuklardan ne harikalar doğacak! Ne kadar dâhiler çıkacak.

— ...

Müdür ürkmüştü. Cevap veremiyordu. Beş dakikalık hürriyetin artık önüne geçilemeyeceğine emindi. Kendine "Mıstık" diye haykıran öğrencilere artık öğrenci adı verilemezdi. İşte on senelik okul birdenbire yıkılmıştı. İçinden, "Ne yaptım da bu adama kandım?" diyordu.

Efruz Bey dalgınlığından onu uyandırdı:

— Yanlış bir şey yemiş ispinoz gibi ne düşünüyorsun Mıstık? dedi.

— Hiç...

— Cesaret, haydi hazırlan. Bu gece okulda yat. Ben de gece yarısı geleceğim. Yarın ileri...

Ok yayından çıkmıştı. Zaten artık geri dönülemezdi. Zavallı Mıstık:

— Pekâlâ, yarın erkenden... diye başını salladı. Hele bu kısalmış ismi kendine ağır bir hakaret gibi geliyordu. Efruz Bey bu kendi eseri olan ismi sık sık tekrarlıyor, ne bey, ne efendi ilave diyordu.

Mıstık zihninden, "Bari Mıstık Bey" dese fikrini geçirdi. Hatta yüzünü kızarttı. Bu arzusunu söyledi. Efruz Bey bir kahkaha attı:

— Azizim Mıstık! Sen gayet sınırlı bir adammışsın. Seni de açık hava okulunda eşit hürriyete, yani demokrasiye alıştıracağım. Deli mi oldun? Hiç "Mıstık Bey!" denir mi? Bu ismin tabiatında, ahenginde, telaffuzunda bile demokratlık vardır. Bey, paşa, efendi, ağa gibi lakaplar kabul etmez.

Efruz Bey hakikaten gece yarısı "Maşrık-ı Envar-i Maarif-i Osmani" okuluna geldi. Kapıyı vurdu. İçeride galiba kimse yoktu. Cevap veren olmadı. Mehtap her tarafı aydınlatıyordu. "Biraz gezeyim, düşüneyim!" diye Kasımpaşa'nın sakin sokaklarına daldı. O da annesine üç sene için veda etmişti. Nereye gittiğini inat etti, söylemedi. Evet, üç sene, Hayırsızada'da büyük bir müstemleke[1] yaratacaktı. Fakat vaktiyle İstanbul'da toplanıp oraya sürülen köpeklere dair duyduğu şeyler müthişti! Bu hayvanlar aç kalınca birbirlerini yemeye başlamışlar, en kuvvetlileri zayıfları yiye yiye azarak yırtıcı bir sürü olmuşlardı. Hatta denizlerde yüze yüze civardan geçen sandallara yaklaşıyorlar, içindekileri kaparak çatır çatır yiyorlardı.

Çocuklarla buraya çıkınca, mutlaka bir savaş lazımdı. Savaş için de silah! Silahı nereden bulacaktı?

Fakat ihtiyaç her şeyi insana buldurur. Efruz Bey gülümsedi. "Buldum, buldum!" dedi.

Talebeleri silahlandırmak için bir şişe "kloroform" yeterliydi. Küçük bir şişe kloroformla bir tabur teşkil edebilmek!.. Gülümsedi. Kendi kendine söylenmeye, konuşmaya başladı:

— Dâhiyim desem, herkes güler.

— Halbuki...

— Kim bir mecidiyelik[2] kloroformla bin liralık silah elde edebilir?

— Şüphesiz, hiç kimse?

— Ben yapacağımı söylesem...

— Gülerler.

— Ah budalalar.

---

(1) Müstemleke: Sömürge.

(2) Mecidiye: Yirmi kuruş değerinde gümüş para.

— Evet, bir şişe kloroform...

Fakat bu şişeyi nerede bulmalıydı! Zaman geçirmeye gelmezdi. Cebinde meşhur Doktor İsa Nazım'ın, annesine verdiği bir reçete vardı. Onu çıkardı.

Yazısını taklit ederek, imzasının üstüne "Kloroform" yazdı. Ay aydınlığında reçeteye dikkatli dikkatli baktı. Sahtekârlığı fark olunacak gibi değildi. Başladı bir eczane aramaya...

Rast geldiği bekçilere soruyor:

— Aşağı in!

Cevabını alıyordu. Efruz Bey aksine yukarı çıktı. Perapalas'ın dibinden geçti. Koca Beyoğlu mehtapta sarhoş olmuş gibi uyuyordu.

İçinden, "Üç sene sonra benim müstemlekemin yanında köy halinde kalırsın!" dedi. Camekânında aydınlık gördüğü bir eczaneye daldı. Kapının gürültüsünden uyanan çırak sersem bir tipti. Reçeteyi okudu. Hiç şüphelenmedi. Efruz Bey onun şüphesini bütün bütün gizlemek için,

— Aman çabuk, bütün doktorlar evde bir ameliyat yapacaklar! dedi.

Pamuk da aldı. Şişeyi cebine koyunca neredeyse zafer neşesiyle bir nara atacaktı. İşte silahlarını hazırlamıştı.

* * *

O daha adaya çıkar çıkmaz "kloroform" kullanmaya hiç hacet kalmamış, bütün sürgün köpekler sanki manyetize olmuş gibi karşılıklı iki sıra halinde dizilmişler, salta durarak dillerini çıkarmışlar, onu ve öğrencilerini büyük bir memnuniyet ve hürmetle karşılamışlardı.

Efruz Bey Hayırsızada'da "açık hava okulu" kurmakla kalmadı. Adeta orada bir hükümet, bir bağımsız prenslik kurdu. Adanın en tepesinde beş metre genişliğinde, dokuz metre uzunluğunda tam yedi renkli bayrağı dalgalanıyor, gürbüz açık hava okulu öğrencileri sahillerde çardakların altında yan gelip yatıyorlar, denize giriyorlar. Adanın kendine mahsus motor botları vızır vızır İstanbul'a martı yumurtası taşıyor. Hayırsızada birdenbire en hayırlı ada olarak Efruz Bey'le tebaasına sonsuz servetler temin ediyordu.

Bir gün Efruz Bey adanın en tepesine alacalı bayrağının dalgalandığı yere çıktı. Oturdu. A, ne oluyordu. Ada birden büyümeye, şişmeye başladı. Efruz Bey bağırmak istedi. Fakat sesi çıkmıyordu. Toprakla beraber yükseldi, yükseldi, yükseldi. Belki Hazreti İsa'nın haram ettiği dördüncü kat göğe vardı. Birden başına gayet ıslak bir şey dokundu...

Gözlerini açtığı zaman, beyaz gömlek giymiş genç bir doktorun başucunda alnına ıslak soğuk bezler sarmakla meşgul olduğunu gördü. Kımıldamak istedi. Fakat her tarafı külçe olmuştu.

Yavaş yavaş hatırlar gibi oluyordu. Hain müdür onu aldatmış, ne kendisi gelmiş ne de çocuklardan kimseyi yollamıştı. Fakat Efruz Bey azimkârdı. Fikret'in,

"Hak bellediğin bir yola yalnız gideceksin!"[1] mısraını iman etmişti. Bir sabah erkenden vapura binmiş, Kınalıada'ya[2] geçmiş, yanına öteberi de almıştı. Akşama kadar tepeden dürbünle Hayırsızada'yı gözlemlemiş, geceyi otelde geçirmişti.

Sabahleyin arka tarafta, in cin olmayan bir yerde boş bir sandal bulmuş, hemen içine atlamıştı.

Bundan ötesini bir türlü hatırlamıyordu...

Şimdi bulunduğu yer "Yalova" idi. Demek bir felakete uğramış, dalgalar onu istemeye istemeye "Yalova sefası"na götürmüştü. Fakat hayır, büyük işler yapmak, meşhur olmak

(1) Tevfik Fikret'in Halûk'un Defteri adlı kitabındaki Bir Tasvir Önünde şiirinin bir dizesi.

(2) Kınalıada: Marmara'da İstanbul'a en yakın ada.

amacındaydı. Her zaman olduğu gibi, düşünmeksizin aklına bir şey geldi. Buradan hemen İstanbul'a dönmek, oradan Yunanistan'a, Akropol'a[1] gitmek, sanat, edebiyat hocası olmak... Oooh, bu ne ilahi bir ülküydü. Karyolasının içinde çırpınmaya başladı. Akropol'a, Akropol'a!.

Genç doktor hezeyanın yeniden başladığını anlamıştı. Efruz Bey'in alnına taze taze ıslattığı bezleri sarmaya çalışıyordu.

Resimli Ay, cilt 3-4, 1927

(1) Akropol: Eski Yunan sanat yapıtlarının bulunduğu Atina yakınında bir tepe.